虎熊先生物語Ⅰ

美と真実を求めて

急がば廻れ

いじめ克服の近道

しまの・まき

南方新社

序

何をこそ　どう教えるか

保池　豊秀

現職の頃、文芸サークルで学習して分かったつもりでも教室に入るとうまくいかず、しどろもどろ、悶々と過ごしていたことを恥ずかしく思い出します。

「急がば廻れ」を読みお陰でやっと文芸教育の本質が分かりました。退職した今頃になって悔やまれてなりません。

むずかしいことをやさしく
やさしいことを深く
深いことをゆかいに
ゆかいなことを本気で

本気なことをゆっくりと
ゆっくりしたことをすなおに
すなおなことを心をこめて

いつか何かで読んだ井上ひさしの言葉を思い出します。
これは小説、と言うより見事な実践記録ですね。
自分が授業を受けている気分でうん、うん、うなずきながら楽しく読みました。
授業がこんなに楽しく子供たちが生き生きしているのはなぜだろう。
私なりにいろいろ考えました。

○　教材がいい

詩「かたつむり」は、〈おかしいな〉〈おかしくない〉の反復、対比によって「どんな人物か、なぜそう思うか」を問い、深めていくすぐれた作品です。

教科書に載っているつまらない作品だけを使うのではなく、このようないい作品を教材化していくことが授業のカギになりますね。

○ 子供たちに考えさせ、発表させる工夫

一れん

かたつむり
おかしいな
目だまがつのの　上にある

と一連の三行全部を板書して、

二れん

おかしくない
おかしくない
○○○○○○○○　○○○○○

この○の部分を子供たちに考えさせ発表させる。授業の展開が見事です。八連まで続きますが子供たちの輝きが目に浮かんできます。楽しみながらこの詩の世界が見事にイメージ化されていきますね。教師のしかけ、子供たちへの温かい眼差しに心までホットになります。

○　文芸理論の確かさ

国語の授業、特に文芸作品の授業で多くの教師が何を教え、どう授業するか、困っていると思います。

教材で「どんな人物か、どう思うか、なぜか」と目標を明確にし、子供たちと深めていく、目標がはっきりしているから分かりやすいのですね。

人物を典型化し、子供たちの身近な学級の問題にまで目を向けていく。これが本物の教育ですね。

今、大きな社会問題になっている「いじめ」「不登校」に悩んでいる全国の先生方にこの「急がば廻れ」を是非読んでほしいです。

教育集積「急がば廻れ」に大きな拍手を送ります。

二〇一四年十一月十二日

（元中学校国語教師・退職後、中国のいくつもの大学で日本文化論を教授）

急がば廻れ——目次

装丁　オーガニックデザイン

プロローグ

古代の日本人は、わたしたちのこの島を「遠い南の海の果て」というイメージで「奄美」（あまみ）と呼んでいました。本土からおよそ四百キロメートルも離れていることは、今も変わりません。しかし、交通の発達で時間的には、短くなりました。

亜熱帯の太陽が燦燦とふりそそぎ、雨は一月に三十五日も降ると言われています。やせさらばえた赭土には、恐竜時代の植物の蘇鉄、三十数メートル近くにも成長するシダの仲間のヒカゲヘゴが、生えています。自然が豊かな島です。アマミノクロウサギは有名。

これから、わたしが話す物語は、その奄美の教師・子ども・父母・島の人々が、学校・家庭・地域で共に学び合い、共に育っていった共育物語です。その研究と運動の中心島野虎熊《しまのとらくま》先生から聴いたり、虎熊先生の授業を観たりしたほんとうにあった話です。

わたしと友人の二人、土曜日の午後に恩師でもあり、伯父でもある虎熊先生の家を訪ねました。

　友人もわたしも、クラスのいじめをなかなか克服できず、悩み、困っていました。特活や道徳、短学活でいろいろな方法で対応しても、しばらくは鎮静していますが、またいじめが起こるのです。「いじめは悪いこと」とお題目を唱えるだけなのです。

「いったいどのようにして子どもたちを育てていけばよいのか」、校内研修や研究会に参加していろいろな対応の例を聴いて、即実践に踏み切ってきましたが、この二年近くいっこうにクラスから「いじめ」はなくなりません。

　それで、いじめに対する考え方（理論）と指導方法が、今までのものでは無理だとは、感じていましたが、だからといってそれに勝る考えや方法などあるのか、ないのか、わたしにとっては、五里霧中でした。

　そこで、虎熊先生を訪ねたのでした。大島小学校の通用門の向かい側に門口《じょうぐち》のある民家でした。庭には緋寒桜の大樹が四方八方に枝を張り、花は満開、メジロが数匹歌を唄いながら蜜を逆さまになって吸っていました。わたしたち二人が玄関で声をかけました。虎熊先生はにこにこして迎えてくれました。先生は二人に、

「狭いけどどうぞどうぞ、上がってください。家内と息子二人は、名瀬へ所用で出かけていますので、面倒でしょうがお茶などはセルフサービスでお願いします」

と、気軽に応対してくれました。民家を借りて、その床の間を書斎にしてありました。隣り部屋との間にある廊下には本棚が置かれていて、本がぎっしり詰まっていました。そのあおりを受けて、隣の部屋の入口は三尺くらいしかありませんでした。

先生は、台所からお盆を右手、左手には、

「これ魔法ビンやコーヒーやカップなどです。百分学習したら、十五分コーヒータイムにしますから、ジャンケンして負けた方が調《た》てください。うまいコーヒーです」

と、いって座りますと、すぐ二冊の絵本と一篇の詩で百五十分、二人に「ことばの芸術としての文芸の授業」をしてくれました。その結びに、こう話されました。

※

現在の日本の教育は、強育《きょういく》、いや、狂育《きょういく》になってしまっています。それは、戦後六十年余の教育の悪しき結果です。マスコミで連日流れる児童生徒のいじめという悲劇、大人になってからの惨劇は、おもわず目をおおってしまいます。これほどまでになってしまったのは、「わが子を良い高校や大学に入学させ、卒業させ、よい会社や官公庁に勤めさせ、楽な暮らしをさせたい」という「わが子だけ良ければ良い」という「わが子中心主義の指導＝強育・狂育」による悪しき結果なのです。学校も家庭も地域社会もバラバラになってしまっています。

受験戦争＝受験地獄は、教育の悪しき典型です。子どもたちの学力に順位をつけて、五段階評価で選別・差別していく教育観は、強育、いや「狂育」でしかありません。

教育とは、一人ひとりが昨日よりは今日、今日よりは明日、明日より明後日と、自分の伸び幅を本人にもよくわかるように「観点」を定めて評価していくのが、教育の原点です。同級生と比べて、あるいは兄弟姉妹を比べて評価することは、友情や兄弟姉妹愛、親子愛も引き裂いていく、狂育でしかありません。

この受験戦争の「相対評価」を即止め、「観点別評価」に切りかえることがまず第一です。

それと、文芸を文芸として教育していく芸術教育で「いじめの本質」を認識させ、一人ひとりを変革していくことです。

もちろん、その外の「人間と労働」、「人間の連帯」、「人間の愛」、「人間と平和」、「自然と人間」の誤りや歪み等も多分に影響しています。

本来子どもは、地域社会のものです。従って学校・家庭・地域で育てていくのです。「教育は、一人ひとりの子どもを、自分と自分をとりまく社会をよりよい方へ変えていく主体者に育てていくこと」です。それには、「もの・こと（自然・人間・社会・歴史・言語文化）」の本質をとらえ、それを正しい日本語で他の人たちに伝える表現力が必要です。日本語、つまり国語教育の力は、全教科の全領域で基礎になります。

なかでも人間の知と徳、魂を育てていく「ことばの芸術である」文芸教育は最も大切です。

昔の人々は、それを「昔話」や「説話」で営々とやってきました。文豪ゴーリキーは「文芸は人間学である」と教えました。

文芸には、童話・民話・絵本・詩・小説・戯曲・俳句・短歌等があります。文芸には、人間が社会人として生きていく上で最も基本的テーマ、人権・平和・労働・連帯・愛・自然保全をおもしろく、しかも人間の真実を美として表現されてあります。この六つの力＝テーマを九年間でどの子にもきちんと育てていくことが文芸教育です。

特に、現在の日本の国民的、社会的教育的課題は、「いじめを克服する力＝知と心」です。一人ひとりは、他の子どもを絶対いじめないことです。もし、いじめられたときは、一人であるいは子どもたち集団で、そんな虚偽《きょぎ》・悪《あく》・醜《しゅう》・無用・汚濁な考えと心の人間に負けてしまい、だまったり、泣いたり、登校拒否したり、転校したり、ましてや自殺など絶対しない、させないという、個人と集団に育てていくことです。真に賢く、真に優しく、真に強い子どもたちに育てていくことです。

いじめは、一見いじめられる子どもだけが悲劇だと考えられています。しかし、いじめる子どもも人間として虚偽・悪・醜・無用・汚濁でしかない考え方・生き方・思想《しそう》で生きていますから悲劇です。それに気づかせ、わからせ、身につけさせる＝認識《にんしき》、変革させていくのです。最低の人間から、「真《しん》・善《ぜん》・美《び》・役立《やくだ》つ・聖《せい》」の考え方・生き方・思想に変えていくのです。よりよい方へ変えていく、育てていくのが教育です。お百姓さんが、作物を育てるようにあせらず、じっくり育てていけば、人間ですからかならず実現できます。万物は千変万化し発展します。「なせば成る」のです。成らないのは、なさぬからです。

※

虎熊先生は、教育の真髄《しんずい》を情熱をこめて話しました。つぎの頁からは、その実例です。わたしのつたない文章でまとめてあります。虎熊先生と子どもたち、父母や地域の人々が、どのように学び合い、どのようによりよく変わっていったか、成長していったか、わたしが観たり、聴いたり感じたり思ったり、考えたりしたことをいっしょに体験してみてください。

I

教師から変わる

一、授業への参加

わたしは、教職二年目です。友人も同様です。でも、プロローグで虎熊先生がされたような文芸の授業をこれまで一度もしていません。あの日の授業のようすは、一行も紹介してありませんがあとでわかってきます。とても、やさしく、おもしろくハイレベルです。

「いじめを一人で、あるいは子ども集団で克服していくような賢く、やさしく、強い子ども」を育てていません。わたしは、道徳や短学活や学活で、「いじめは悪いことだ」とは、くりかえし教えていますが、いじめを克服することが人間が社会人として生きていくうちの大事な力の一つだという認識を育てていません。大学でも習っていません。教師になってからも。

だから、子どもたちに人権尊重の認識が定着しないのだと、わかりかけてきました。友人と二人で、伯父でもある先生をたずねたとき、絵本二冊と詩一篇の三教材で、絵と文章をふまえながら、具体的にわかりやすくやさしく、しかもおもしろく最も大切なテーマを授業の実演でしてくれました。人物のとらえ方、考え方、それをことばで表現する方法をくりかえし教えてくれました。低学年の教材ですから、そのくりかえしが、実は「認識する方法であり、表現する方法であること」を、生まれて初めてわかりびっくりいたしました。

あの日、友人が、座り直してから尋ねました。

「先生の文芸の授業を見たいのですが、いつがよろしいでしょうか？」

「いつでもよろしいですよ。そうですね、ちょうど、文芸サークル奄美のメンバーが集まる、次の土曜日にいらっしゃい。奄美の学校では、初めての詩、中国の詩人リュー・ユイの『かたつむり』という作品を教材化しましたので、ぜひ、観にいらっしゃい！」

と、にこにこしてこたえました。

「教材いただけますか？　今日」

とわたしが言いました。すると、

「それも、当日、教案といっしょに文芸に参加された先生方にあげます。目標も黒板に書きますから、子どもたちといっしょに文芸における人物のとらえ方、表現の仕方を学んでいってください。小学二年生十三名の学級です！」

と、先生は、さっきよりも喜んでこたえました。お礼を述べて帰りました。

友人とわたしは、一週間が待ち遠しくて、毎日電話で、授業についてしゃべりました。それほど、虎熊先生の文芸の授業とお話は二人にとって、わかりやすくおもしろく、それでいて、教師としての大切な血となり、肉となっていったと実感しています。

それは、わたしの受け持っている子どもたちが、

「先生は、月曜日から、すっかりかわったよ！　授業で、みんなが発表することに、うん、うんとうなずいて、ようくきいてくれるようになったもん」

とか、

「発表したら、前よりも何倍もほめてくれるようになったもん」

と、口々に言うのです。

土曜日に授業を虎熊先生から受けた後の私の変化を、見逃さず捉え指摘する子どもたちの声に驚き、改めて子どもたちの能力・感情の鋭さに脱帽しました。以後二人の就寝前のケイタイによるおしゃべりタイムは、授業を受ける以前と比べて倍増していきました。

二、研究授業

一月下旬、緋寒桜が満開に咲いている校門をくぐって、友人とわたしは、島野虎熊先生の勤務している大島小学校へ行きました。土曜日の午後です。二年生の学級だけ子どもたちがいて、あとはしいんとしていました。

廊下に置いてある机には、つぎのような教案が一枚だけありました。

・授業者　島野虎熊
・児　童　小学二年生　男子6名女子7名　計13名
・文芸の授業　リュー・ユイ作　出沢万紀人訳「かたつむり」
※　詩の教材は授業でいっしょに味わいます。

先生も子どもたちも、まったく緊張していません。これからどんなドラマが観られるかなと、わたしは、わくわくしてきました。チャイムがキンコン、カンコンと鳴りました。無心に遊んでいた十三名の子どもたちは、われ先にと着席しました。それを観ただけで、わたしは、（これからの授業がどんなにおもしろくてたまらないのか！）十三名と同じ気持ちになりました。いったい、どのような教育をして、四月から一月までの十カ月で、このような意欲に満ち満ちた子どもに育てたのか、増々授業への期待は、高まっていきました。

C　（日直）姿勢。これから五時間目の勉強を始めます。
C　始めましょう。
虎熊　（以降は虎とだけ表記）今日は、きみたちの詩の授業を観て、いっしょに勉強していきたいと十八名の先生方が、来てくれました。南の加計呂麻島や宇検村・大和村・住用村（当時）、名瀬市（当時）、笠利町（当時）、そして、皆さんと同じ町の龍郷町の先生方、と合計十八名です。いつものように授業しますから、いつものように感じたこと（胸に手をあてる）考えたこと（頭に手をあてる）思ったこと（胸に手をあてる）をどんどん発表して下さい。

C　まかしといて。（とんと胸をうつ）

先生方　（笑い）

C　まかしとけ。（立ち上がってVサイン）

先生方　（笑い）

虎　今日は、かたつむり（板書）という詩で
・どんな人物《じんぶつ》か（板書）
どう思うか？（板書）
なぜか、そのわけ（板書）
これについて勉強します。人物《じんぶつ》とは、どんなものか、ということは後ろの壁に書いて張ってありますが、あれを見ないで言える人。

C　はい、はい、はい！

C　人間のように思ったり、考えたり、言ったり、したりするものを、人物といいます。
（ジェスチャーをまじえて、堂々と発表しました）

虎　みんなにも、先生方にも、ようくわかるように発表しました。感心！（と子どもの頭をなでてあげました）

C　（とてもうれしそう）

C　はい、はい。（この子もすらすら）

虎　きみも、きちんと言えた。感心じゃ。（この子も頭をなでてもらう）

C　（うれしくてたまらない様子）

Cたち　はい、はい、はい！

虎　おおっ、すごいな。一人ずつ発表してもらってもいいけど、でもそれだけで半分くらい時間を使ってしまいますから、先生方もいっしょに言いましょう。全員起立。先生方は、後ろの掲示物を観て言ってください。

人物《じんぶつ》とは、人間《にんげん》のように
思《おも》ったり
考《かんが》えたり
言《い》ったり
したりする

者《もの》を言います

（掲示物）

（子どもと虎先生、参観者十八名、計三十二名の声やジェスチャーで騒然となる。虎先生は、にこにこして、静まるのを待っています）

虎　今日勉強する詩も、ほかの文芸のようにどんな人物か。（黒板を指して）なぜ、そう思うのか、考えるのかを勉強するんですよ。さてね、詩って、知ってますか。

C　ああっ、シャレ言っている。おもしろい。

虎　すごい耳してるね、きみは。（頭をなでる）

C　まどみちおの「おさるが　ふねを　かきました」を一年生のとき習いました。わたしたちも〈ふねをかい〉て、教室でさかだちをしました。とても、おもしろかった。

虎　よくおぼえていたぞ。感心じゃ！

Ｃ　はい。まどみちおのあと一つの詩も知っています。はははっ。（ほかのＣたちもはははっと笑い出す）「おならは　えらい」もならいました。はじめは、おかしくて、くさくて、へんな詩とおもったけど、習ったら「おならはえらい」とわかりました。今でも、全部いえるよ。たにかわしゅんたろうの「うんこ」も習いました。

虎　よくおぼえていた、えらいぞ。（Ｃの頭をやさしくなでる）

その詩の勉強は、先生がまとめてありますから、後で、先生方にプリントしてさしあげます。

きょうは、まどみちおの詩じゃありません。隣の中国の詩人リュー・ユイの詩で、「かたつむり」という作品です。（板書）

> かたつむり　リュー・ユイ作《さく》
> いでさわ・まきと訳《やく》

虎　この詩を書いた人のことを？

C　作者《さくしゃ》と言います。

虎　じゃ、これは？（訳者をさして）

Cたち（しーんと考えている）

C　まだ習っていません。

C　でも、言えるよ。やくしゃ？

虎　よくわかったねえ。えらいぞ。

C　だって、「いでさわ・まきと」訳《やく》、と書いてあるから、すぐわかった！

C　そうそう、書いた人は作者で、日本語にしてくれた人は、訳者。

C　ああっ、「スイミー」で習った。レオ＝レオニ作、谷川俊太郎訳、と習った。〈ひろい海のどこかに、魚のきょうだいたちがたのしくくらしていた〉と。

虎　よしよし、わかった、わかった。よく覚えているね、きみたち。えらいぞ！

〈わたしは、ここまで観ていて、虎先生の評価の仕方＝ほめ方がとてもうまい！と感心しました。具体的でタイミングがいい。始業合図で、我先に！と子どもたちが着席したヒミツがよくわかりました。「ほめて育てる」とは、これだとしっかり認識できました。学ぶことは、ほめられること、成長していることをことばとスキンシップで認識させている。教える側も学ぶ側も共に育っていくはずだ！　人間として、じっくりと育っていく、この場面のすばらしさ！　わたしも、もう一度小学生になって、ほめられて学び合いたいなあ！）

虎　かたつむり、って知っていますか。

Cたち　知ってる、知ってる。

C　でんでんむしむし　かたつむり（と唄い出す。Cたちで斉唱になっていく）

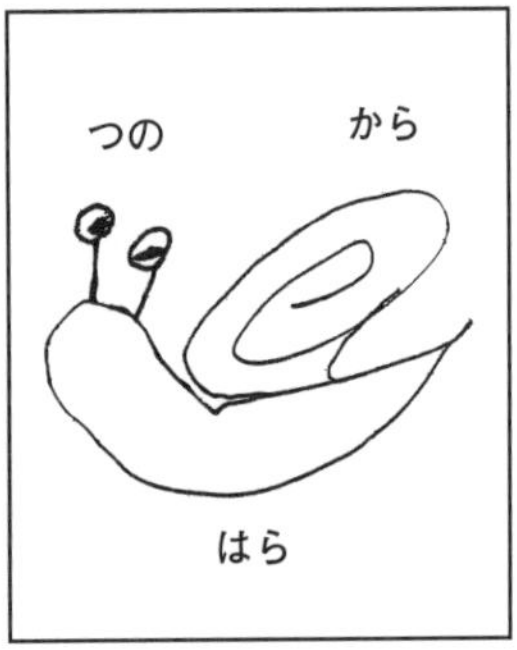

（文図）

Cたち　おまえのあたまは　どこにある
つのだせやりだせ　あたまだせ

虎　はい。このかたつむりで、人物の見方、考え方、それをことばで表現する仕方を勉強します。二年生になってから学んだ「ふきのとう」や「スイミー」と同じ勉強です。ここ（文図《ぶんず》を指して）なんて言うかな。

C　目だま。

C　槍。

C　目ん玉。

虎　勝手に発表しないで。はい、と手を挙げて発表して。

C　はい。つのです。

虎　つのですね。

C　はい。しょっかく、とも言います。

虎　おおっ、すごい。二年生で「しょっかく」も知っているの！　まるで、三、四年生だ！

C　兄ちゃんたちとちょうちょやハチのしょっかくにさわったことあるもん。何十回も。

C　はい。わん（ぼく）は、カミキリムシのしょっかくにも、さわったことあるよ。

虎　よしよし、わかった。さっき正代がつのと言いあてましたから、今日は、つのでいきましょう。（つの、と板書）

Cたち　うん、うん、わかった。

虎　（文図のからを指して）ここはなんて。

C　はい。からです。

虎　はい、からですね。（からと板書）

ここは、なんと言うかな？（はらの文図を指して）

C　はい、おなかです。

虎　おなかでもいいけど、ほかの言い方では。

C　はい。はらです。

虎　はらですね。（文図にはらと板書）

虎　これ（題名を指して）なんというかな？

C　はい。だいめいと言います。

虎　そうですね。いよいよ一連《れん》の書き出しとあとの二行を書きます。（声に出して読みながら板書）

一れん

かたつむり
おかしいな
日だまがつのの　上にある

虎　いっしょに読んでみましょう。（黒板を指示棒で軽くたたいてリズムに気づかせながら、声をそろえて読んでいく）

あと一回。（と、三回くりかえす）さあてね、この一連（板書）ですが、だれが、だれに言っているのでしょう?

Cたち　（ええっと一瞬、驚いて考える）

（わたしたち参加者も、この質問に、とまどいました。これまで、二十二年間小学校・中学校・高校・大学・教師時代と詩を学んできていますが、一度も、こういう質問を受けたことはありません。わたしと友人は、顔を見合わせ、横に首を振りました。あとの十六人の教師〈サークルのメンバー〉は子どもたちが、なんとこたえるのか、楽しみにしている表情です。子どもたちとこの問題について、何度も話し合っているのでしょう。自信にあふれています。それに比べて、わたしの心は、友人の表情は、なんとも情けないものです。もちろん、教師になってやがて二年になるけど、考えてもみなかった問いです。わたしは、子どもたちの発表に耳を集中させました。二年生たちは？）

C　作者が、かたつむりに向かっていっています。悪口言って、からかっています。

虎　健二。かたつむりに、悪口を言っているのは当たっているよ。でも、作者、じゃない。

C　訳者⁉　訳者がかたつむりに。

虎　ちがうちがう。

C　はい。訳者は、リュー・ユイが中国のことばで書いたのを、日本のことばになおした人のことです。「スイミー」で習っただろ。

虎　そうそう。訳者でもない。作者でもない。あのね、人物とは、どんなものだった？

Cたち　（ジェスチャーを入れて復唱する）

虎　いま、きみたちが小さい声で言ってるけど、この一連の人物は、その四つのうちのどれをしていますか？

Cたち　言うことです。

虎　その言ってる人物は、いいことを言ってるの？　それとも、悪口を言ってるの？　どっち。

Cたち　悪口を言っています。

虎　そうですね。悪口を言っていますね。だれに向かって言ってるの？

Cたち　かたつむりに向かって言っています。

虎　じゃ、一連の人物は？

C　いじわるな人物（板書）、です。

虎　この人物が、かたつむりに（板書）悪口（板書）を言っていますね。だから、いじわるな人物ですね。顔や体がわかる？

（板書）

Cたち　ぜんぜんわかりません。

C　はい。言ったことばだけ書いてあって、あとは、書いてないからわかりません。

虎　そうですね。声はするけど、すがたは見えません。でも、この詩《し》の世界《せかい》にいるんですよ。いまね。世界《せかい》（上に平仮名だけ書いて、下に漢字だけで板書）ということばを書きましたね。大事なことばですから、頭に入れておいてね。この教室という世界は、きみたちとわたしと、十八名の先生方が、「かたつむり」という詩の世界を学び合っているとってもすばらしい世界、というふうに使います。

この世界で（円形を指して）生きていて（虎先生は二、三回呼吸しながら）、こんな悪口を言われた〈かたつむり〉は、どうしたと思いますか？

（板書）

C　はい。言いかえしたと思います。

Cたち　（うん、うんと共感共鳴している）

虎　だまってなんかいませんね。さっき、あつことさくらがこたえたように言いかえします。どんなふうに言い返したかと言いますと、（二連の一、二行を読みながら板書し、○を八ツ書き、一字空けて五ツさっさと書き終えてから）おかしくないおかしくないとくりかえし言って、こう言い返したのです。さあ、なんと言い返したのでしょうね。この〈かたつむり〉は？

二れん

おかしくない
おかしくない
○○○○○○○○　○○○○○

まず、一人で考えてください。合図をしたら、二人で。

Cたち（個人思考三分くらい）

虎　はい、話し合っていいですよ。

Cたち（ここの五組は二人で、そこは三人で、と子どもたちは、いつもやっているように、話し合いを始める）

（わたしは、これまで、「よく考えなさい」と、ありきたりの、いつでも、どこでも、どの教科でも、なんにでも使えるつかみどころのない質問を、この二年近くどれだけしたでしょうか。そのつど、子どもたちから、よく考えた結果の答えは、一度も聴いたことがありません！　虎先生の発問は、どの場合でも、子どもたち一人ひとりがよく考えざるをえないようにされています。これこそが「考える発問だ」と、おもわず膝をたたいたほどでした。友人が、「どうしたの？　膝がいたいの？」という気遣いに、おかしくなりましたが、「ううん、虎先生の発問のすごさに感動していたの。こたえわかった？」とたずねると、「今、考え中」と指を折ってことばを考えていました）

虎　はい、時間が三分きました。わかった人。

Cたち　はい、はい。

C　はい。もし、わたしが〈かたつむり〉だったら、「上から見るので　よく見える」と、言い返します。

Cたち　そう、そう。だいたい合っている。

虎　そう、だいたい合ってる。いじわるな人物の悪口を、もう一回読み返してみて。

C　はい。〈目だまがうえなら　よく見える〉と、言い返します。

Cたち　うん。そう、そう。ぴったしだ。

虎　そっくりそのとおりです。えらいっ。悪口をパッととらえて、〈おかしくない　おかしくない　目だまがうえなら　よく見える〉と、ズバリ言い返したのです。（Cに向かって）大介、この詩、だれかに読んでもらったの？

C　いいえ、はじめてです。

虎　はじめてだよね。だって、この詩を奄美の学校で紹介するのは、きみたちが初めてです。

それなのに、ぴたっと、言い返したから、どこかで、誰かにきいたのかなーと思うくらい、びっくりしたからです。すごい。

先生方で、この詩、知っておられた方？

参加者　（挙手なし）

虎　先生方も、今日が初めてだって。ぼくにこの詩が載《の》っている本が届いたのは、冬休み前でしたから一カ月ちょっと前ですね。いい詩だし、おもしろい詩だから、きみたちといっしょに、おいしく食べようと思って、待っていたんですよ！

Cたち　（パクパクとジェスチャー！）

虎　きみたちは、はじめて出会った詩だけど、〈かたつむり〉に変身して考えたから、文代や大介のように、ぴしっと言い返したのですね。さあ、三連へ進みます。（板書）（読みつつ、ゆっくり板書。赤チョークで）

三れん

かたつむり
おかしいな
おうちをしょって　あるいてる

一連も赤いチョークで書きましたから、三連もそれで書きましたよ。いっしょに読んでみましょう。

（黒板を指示棒で軽くたたいてリズムを取って読みます。それも訳者の工夫で五・七調の詩に気づかせるためにリズムを取っているのでしょう。わたしもこれまで、詩をいくつか扱っていますが、一度も考えたことのない見事な工夫です。ことばの芸術である詩を芸術教育として教えていく上で、低学年から日本の伝統文化の詩歌に潜んでいることばのリズムにそっと気づかせ、わからせ、身につけさせているのです。くりかえし、くりかえし）

虎　これ、だれが、だれに向かって言ってるの。

C　はい。〈いじわるな人物〉が、〈かたつむり〉に向かって、悪口をまた言っていじめています。

C　はい。さっきは、からかってると思ったけど、まただから、もう、いじめです。

Cたち　そう、そう。いじめている！

虎　いじめですね。この〈かたつむり〉こういうふうにいじめられて、泣いてしまうかな、だまってしまうかな？

Cたち　はい、はい。

C　はい。泣きもしないいし、だまってもいません。二連のように、すぐ言い返すと思います。

Cたち　すぐ言い返すよ！　絶対言い返すよ！

虎　そのとおりです。言い返します。なんと言い返したでしょうか？　一人で考えて。

Cたち　（全員真剣に、指を折り曲げて数えつつことばを探している。参加した教師たちもメモをしたり、指を曲げたりしながら嬉々として考えている。二連での発問が、この四問に入る発問の布石になっているのです。二連から三連、そして四連へと問いもつらなっていっているのです。「考える発問」のみごとさが、ここにも出ています）

虎　さあ、わかりましたか？

Cたち　はい、はい、はい。（すごい声）

C　〈おかしくない　おかしくない　とりにあったら　おうちのなか〉と、言い返したと思います。

虎　なかなかいいぞ。九五点。あとちょっとで一〇〇点だ。（と言って、Cの発表を板書）

おかしくない
おかしくない
てき　　もぐりこむ
とりにあったら　おうちの中

虎　この〇のところだけ、ちょっとちがう。意味は同じですよ。ことばがちょっとね。

Cたち　とりじゃなくて、ええっと、ええっ。

虎　とりは〈かたつむり〉にとっては？

Cたち　ええっと、ええっと？　とりは？

C　はい。てきにあったら、ひっこむよです。

虎　はい。そうです。てきにあったら、ひっこむことを、ほら、きみたち、ふとんの中に、こうするだろう。（ジェスチャーで）

C　もぐりこむ、だ！

Cたち　そう、そう。もぐりこむ！

虎　はい、そのとおりです。（さっきの○の右横に板書）さあ、五連へ進みます。（言い終わるや、子どもたちは、口々にいいます）

Cたち　わかった、わかった。

Cたち　かたつむり　おかしいな。（先に言う）

（この子どもたちには、この詩の組み立て、詩の構造がわかりかけています。楽しいでしょうね。子どもも、もちろん教師も）

虎　はい。だれか五連言ってみて。

C　おかしくない　おかしくない、ここまではもうわかっていますが、五連の三行目がまだわかりません。

C　つのとからの悪口だっただろう。だから、こんどは、はらの悪口です。

虎　うん、はらがおかしいな、と言っている。そのとおりです。どんなふうにおかしいのだろうかな？

C　はらが、びろーんと長い。

C　足が長い。だから、おかしい。

C　足が長くて、ほそーい。だからへんだ。

C　はらが足みたいで、おかしい。

虎　はらが足みたいで、おかしいと思う人？

Cたち　はーい。（十人挙手。三人はだまっている）

虎　三人は、おかしいと思わないの。

C　かたつむりに悪口言いたくないもん。

C二人　そうそう。言いたくない。だから、足が大きくても、長くてもいい。

虎　そうか。それで、いいですよ。あのね、はらのこと、きみたちは、ふつうなんて言ってる？

Cたち　おなかがすいた、とか、おなかがいたい、とか言います。

虎　そう言いますね。五連では、こう悪口を言っています。（読みながら板書）

五れん

かたつむり
おかしいな
おなかがそっくり　足になる

（これまでのように黒板を指示棒で軽くたたいてリズムをとって三回くりかえして読む）

虎　どうですか、この一・三・五連の人物は？

C　はい。はじめはつのの悪口を言って、つぎにからの悪口言って、こんどは、はらの悪口まで言ってるから、しつこいやつです。

Cたち　しつこい、しつこい。いやなやつ！

虎　とき子が言ったようにしつこいやつだね。この人物は。そんなやつに、〈かたつむり〉は、なんと言い返してやるのでしょう？

C　おかしくない、おかしくないは、くりかえしだから、もうわかりました。その後の三行目だよなあ……、先生、今までと同じ八文字と五文字ですか？

虎　漢字が二つ入るから七文字と五文字です。

Cたち　（話し合い出す）

虎　話し合う前に、こっちを観てね。（と言って親指の爪くらいの白いチョークを取り出してきて〈かたつむり〉に見たて、指示棒を野菜の茎に見たてて、ゆっくりゆっくりと昇っていかせ、指示棒の先までくると）、ここからは、葉っぱの一番おいしいところへゆっくり歩いていきます。（と言いつつ白いチョークの〈かたつむり〉の動作化をしています）

C　おなかが足でだいじょうぶ、でーす。

〈いつも使っている教具〈教育機器〉をかたつむりや野菜に、いとも簡単に見立てて動作化し、子どもたちにそこからイメージをふくらまさせ、ことばを引き出していく手法には、舌を巻いてしまいました。きっと、どの教科のときも、そのようにさっと導いていくのだろう！と虎先生の子どもへのおもいの深さと教育への広さ、レベルの高さ、豊かさに、また感動させられたのでした。これこそが、教育の本道だと、改めて「よし、イロハから学び始めよう。今日の今から！」、そう思うと、胸がじいーんとし、目がしらも熱くなり、涙で潤んでしまいました。友人が「真紀、どうしたの？」とたずねました。「わたし、子どもたちとのやりとりが、詩の本質へ向いて行くように的確なので、感動して泣いちゃった！」。「白いチョークや指示棒が〈かたつむり〉や〈野菜〉になっちゃうんだから」と小声で言って、人差し指を口にあてて「シィーッ」と言って友人をだまらせました〉

虎　洋一のこたえ、いいなあ！　あと少しだ。

C　何点、先生？

虎　九〇点だな。あと少しだ。

C　おなかが足ならおっこちない、です。

虎　正代。おっこちない、ということは？

C　だいじょうぶ。

虎　（白いチョークを床に落としてから）足が小さいとこんなになってしまう。

C　死んでしまう。

C　死にまでせんけど、大けがする。

虎　じゃ、足はどんな足がいいのかな？

C　足が小さいと落ちて死んでしまいます。

C　落ちないように大きい方がいい。

Cたち　はい、はい。

C　足が大きいからあんぜんだ、です。

虎　はい、一〇〇点です。そこを、べらんめえ調で〈足が大きけりゃ　あんぜんだ〉です。（と言って六連の三行を板書）そう言ってね〈かたつむり〉は、いじわるな人物にピシッと言い返してやるんですね。

虎　さあ、いよいよ七連です。（先生が言い終わるや、口々に先取りして言い出す）

Cたち　かたつむり　おかしいな……。

虎　〈かたつむり〉はあってるけど、いじわるな人物は、ここで言い方をちょっと変えたんです。これまで、〈かたつむり〉のどこについて悪口を言ってきたの？　順序よく言ってくれるかな誰か？

C　つの、から、はらについて、からかったり、いじめようと悪口を言っています。

虎　そうです。体については、もう、ほかに言うところは、ないね。あるかな？

Cたち　（ちょっと考えてから）ありません。

虎　じゃ、何について悪口を言うんでしょう？

きみたち、今日、先生が〈かたつむり〉という詩を勉強すると言ったら、だれかが歌を唄い出したら、みんなで大声で唄ったけど、きみたち〈かたつむり〉というと、まず、一番先にパッとうかぶのは、なあに？

C　はい。歩き方がおそい。

C　はい。おそいなんて言うより、のろい。

虎　そうですね。それじゃ、〈かたつむり〉。

Cたち　〈のろいな〉です。

虎　はい、そうです。

七れん

かたつむり
のろいな
〇〇〇〇〇〇〇　〇〇〇〇〇

C　はい。あるかないのと　おんなじだ。
虎　いいですね。九八点だ！（白いチョークを止めておいて）これは、なんという？
Cたち　とまってる。
虎　（白いチョークを指示棒を横にして歩かせる）とまっているのが歩き出すのを？
C　うごく？　あれっ？　へんだな？
C　はい。〈うごかないのと　おんなじだ〉だと思います。（Vサインを出して笑う）
虎　はい。一〇〇点満点です。（ほめて、板書）
虎　さあ、八連に進みます。この詩の結びです。
Cたち　結びの一番って、大相撲で言うよ。
Cたち　そうそう、一番さいごの取り組みよ。

虎　よく知ってるね。こんなに、くりかえし悪口を言うやつを、ことばでぺっちゃんこにしてください。

C　ぎゃふんと言わせてやる！

虎　大介いいぞ、その意気だ。

Cたち　おかしくない　おかしくないは、いいとして……。

虎　それ、違うんだな。おなじようなことばでじゃない。やつが言ったことばを逆手に取って、ピシッと言いかえして、大介が言ったように、「ぎゃふん」とやっつけてやるんですよ。

C　先生、やっぱり五文字ですか。

虎　六文字です。でも、五文字でもいいよ。一人で考えて。（二分経過）はい、話し合っていいですよ。（大張り切りである）

（先生方も、二人で話し合っている。一篇の詩で学び合うことのおもしろさ、すばらしさを全員が味わっている。語り合うことのよさを味わい合う素敵な世界である。文芸教育の入り口に立ったと感じました）

C　のろくても　のろくても　あるけあるけ　とまらずに、だと話し合いました。

虎　今のこたえ九五点です。でも洋一の発表の最後が二人で話し合いました、とこたえていましたね。二人で話し合ってわかったことでも、自分がそれはいい、と思ったら、もう、それは自分の考えです。自分の意見です。自分のこたえとして発表して下さい。

（虎先生の厳しさが、ここにある！　と感じました。自分の責任として、ことばをみんなの前で表現できることは、社会的行為である、という表現のイロハについて、念をおされています。これまでも、何回かくりかえされているけど、まだ、定着していないから、パッとおさえて、洋一に言いつつ全員に言っています）

虎　（板書する。読みつつ）

八れん

のろくたって
のろくたって
○○○○○　○○○○○

虎　あるけあるけ、ではないね。意味は同じです。とまらずにも、ではないね。意味はそのとおりですから九五点と言ったけどね。あとちょっと、工夫してみて。話し合い。

Cたち　（増々熱中する）

C　あんぜんだよ　あんぜんだ？

C　うごいてるよ　うごいてる？

C　とまらないよ　だからいい。

虎　うん。いいね。

C　とまらなきゃ　いいんだよ。

虎　ピン　ポーン！　そのとおりですね。「千里《せんり》の道《みち》も一里《り》から」（板書）という諺にあるとおりですね。ちょうど休み時間です。それじゃ、次は、《まとめよみ》です。

（子どもたちは、元気よく教室から外へ飛び出して行って、遊びに夢中になっています。虎熊先生は、わたしたち教師の所に来て話しました）

虎　四十五分詩の勉強をしましたが、まだ、半分です。あと四十五分かけて、子どもたちがことばを通して文芸体験したことの今日的意味、価値づけをし、一人ひとりの子どもが、今生きていることに、どのように結びつけるのか、詩という虚構の世界から、自分たちが呼吸をしている現実の世界をとらえなおし、自分のことばで表現できる子どもを育てていく文芸教育こそ、次の時間からの教育です。先生方も典型化、普遍化してください！

（と、にこやかに話されました。

用務主事さんとお母さんたちが作ってくれた漬け物や黒砂糖を茶うけにして緑茶を啜りました。いい授業を観ての感動で、お茶の味も格別においしくいただきました。

先生方は、お茶を啜りつつ、

「感性がみずみずしい子どもたちですね」

「知的でもありますね」

「学び合う喜びを十三名全員が体得している」

「一日や二、三日で、育った力じゃないね」

「こういう子どもたちを育てていると、教師冥利につきるね、俺もさっそく始めよう」

「それを、我々が各学校でも、家庭でも、地域でも創り上げていかんにゃね。虎先生は、それを我々に提起しているのだと思うよ！」

「サークルをつくって、学校でも地域でも、自分の家族ぐるみでもやっていくぞ！」

わたしが、教師になってから、自分の学校では、一度も耳にしたことがない会話を聴いて、よしっ、「この教師たちと奄美《しま》の教育を共に追究し、学校でも地区でも拡げていくぞ！」と意を新たにしました。

六校時のチャイムが鳴ると、子どもたちは先のように、我先にと席につきます。昔から「よ

く遊び　よく学べ」と言われていますが、この子どもたちは、その典型です）

かたつむり

リュー・ユイ作
いでさわ・まきと訳

かたつむり
おかしいな
めだまがつのの　うえにある
おかしくない
おかしくない
めだまがうえなら　よくみえる
かたつむり
おかしいな
おうちをしょって　あるいてる

（板書）

おかしくない
おかしくない
　てきにあったら　もぐりこむ

かたつむり
おかしいな
　おなかがすっかり　あしになる

おかしくない
おかしくない
　あしがおおきけりゃ　あんぜんだ

かたつむり
のろいな
　うごかないのと　おんなじだ

（板書）

のろくたって
のろくたって
とまらなきゃ　いいんだよ

日直　姿勢、礼。

Cたち　始めましょう。

虎　五校時の勉強おもしろかった人？

Cたち　はーい。（全員挙手）

虎　こんどの時間は（板書）

・一・三・五・七の奇数連《きすうれん》は、どんな人物か。どう思うか。

・二・四・六・八連の偶数連《ぐうすうれん》の〈かたつむり〉はどんな人物か。どう思うか。

このことについて、勉強します。《まとめよみ》（板書）といいます。

まず、一人で考えてください。（五分）

こんどは、班で話し合ってください。（五分くらい）

さあ、だれか、発表してください。

Ｃ　奇数連の人物は、〈かたつむり〉のしょっかくやからや足を、見た目だけで感じたことをそのまま言っています。悪口やいじわるやいじめです。

Ｃ　わたしも、ふみよさんと同じで、この人物は、〈かたつむり〉の〈めだま〉や〈おうち〉や〈おなか〉を見て、感じたことを、パッと言うから、相手をいじめることになります。見てから、ほかのものとあんなにちがうのは、なぜかなあと考えて、たとえば、〈めだま〉が上にあるのは、どうしてだろう？　とか、そのわけをいろいろ考えたら、あんな悪口を言いつづけたりは、しないと思います。

虎　うん、なかなかすばらしい意見です。先生も二人に同じ考えだ。ものごとを、うわべだけ、見た目だけで、とらえパッパッと言ってしまうから、それが、いじめになっていくのですね。

Ｃ　ぼくも、ふみよさんやまさよさんと同じです。この人物は、見たものをパッと言ってしまうくせがついてしまっています。だから、相手に言いかえされると、むきになって、〈かたつむり〉がひととちがうところを、つぎつぎ見つけては、くりかえし悪口をいう人物になってしまっています。

Ｃ　ぼくも三人と同じ意見です。奇数連のこの人物は、学校でも家でも村の中での遊びでも、そういう見方で、そういう言い方しかできない人物になってしまっています。ものの見方や考え方を、なおさないと、いつまでも、悪口やいやがらせやいじめをしてしまう人物のままで、生きていって、みんなから〝いやなやつ〟ときらわれると思います。

虎　はい、奇数連の人物像は、よくとらえています。つぎは、偶数連の〈かたつむり〉という人物について、今度は、話し合いはなしで、一人で考えて、ノートに文章にまとめて、発表してもらいます。

Cたち　（集中して思考し、十三名の鉛筆の走る音がまるでさらさらさらときこえてくるようなおもいにさせるくらい、ためらいなく書いています）

C　〈かたつむり〉は、〈めだま〉もへんだ、〈おうち〉もへんだ、〈おなか〉もへんだと、からかわれたり、悪口言われたりしても、自分のからだの一つひとつが、生きていくのに、大切なはたらきをしていることを、ちゃんとわかっているから、相手にどんなところをどう悪口言われようが、そのわけを知っているから、いじめに感じないで、逆に、さいごは、相手をギャフンとやっつけているから、賢くて、強い心を持っている人物です。

C　僕も京子さんと同じ考えです。奇数連の人物は、かたつむりの〈めだま〉と〈おうち〉と〈足〉について、うわべだけみて悪口を言いつづけます。でも、〈かたつむり〉は、自分の体のやくめをちゃんとわかっているので、三回とも、ピシッと言いかえします。言うことがないので、歩くようすをけなしますが、たとえのろくても一歩ずつ一歩ずつしっかり歩いていけばその方がいいと、ピシッとやっつけてしまいます。

《とおしよみ》の終わりで、先生が、〈千里の道も一里より〉と教えてくれましたが、かたつむりは、いじめる人に、それを教えてやったと思います。僕もかたつむりのような人物になって、大きくなりたいです。

虎　はい、いいまとめができました。いじめる人は、つぎのうちのどれになるのかな。

生きる意味　真《しん》・善《ぜん》・美《び》・用《よう》・聖《せい》

生きるねうち　虚偽《きょぎ》・悪《あく》・醜《しゅう》・無用・汚濁《おだく》

（板書）

虎　かたつむりは、どうかな？

もうわかりますね。そうですね。悪口を言って、からかったり、いじめたりする人の意味《いみ》・価値は、すべて左側の方になります。

かたつむりは、すべて右の方です。洋一が言ったように〈かたつむり〉のような生き方をしたいですね。

それじゃ、こんどは、これをくりかえし読んでたっぷり味わいましょう!（そう言って、二、四、六、八連の三行目をすべて消してしまう）

虎　（指示棒で五・五・七のリズムでたたきながら読みを深めていく。消してある行になると）

子どもたち　（大きな声で暗唱する）

虎　（つぎに、二、四、六、八連をすべて消去）

子どもたち　（先よりも声に熱が入ってくる）

虎　（題名と作者名、訳者名だけ残し、消去）

子どもたち　（一段と熱っぽく暗唱する）

虎　だれか一人で暗唱できる人?

C　（すらすらと暗唱）

C　（〃）

C　（〃）

虎　三人とも、とてもじょうずに読めました。どうして、こうかんたんに暗唱できるのでしょう。

C　くりかえしがあることと、一連と二連、三連と四連、五連と六連、七連と八連が対比《たいひ》になっていることを、これまで勉強してきたからです。

C　それを国語だけでなく、算数でも、生活科でも音楽でも図工でも体育でも、そうじのときも、いつもいつも、それで、〈ものごと〉を見て、考えたり、言ったりしているからです。日記に書くときも、そうです。

虎　はい、さくらが、すべてをまとめて発表してくれました。さいごに、土曜日の午後は、お休みなのに、わざわざ遠くからきみたちの授業を観に来て下さった、奄美大島や加計呂麻島のすばらしい十八名の先生方に、お礼を言いましょう！

日直　姿勢。お礼のことばを言いましょう！

子どもたち　ありがとうございました！

先生方の代表　わたしたちの方こそ、ありがとうございました。とても、いい勉強になりました。わたしたちも、うんとうんと勉強して、きみたちのような学級を創ります。約束します！

（子どもたちを帰した後、授業研究会でこんなことをわたしたちに、虎先生は、話してくれました。かんたんにまとめました）

虎　この教材は、現象と本質、価値ということについて広く深い認識を育てようとするものです。低学年の子どもたちにそのことをしっかり学ばせることの可能なすぐれた教材です。

一連から八連まであります。〈かたつむり／おかしいな／目玉が　つののうえにある〉というふうに語っている話者がいます。それに対して、反対の立場、反対の観点に立っている話者が〈おかしくない／おかしくない／目玉が　上ならよく見える〉と言い返します。この一連、三連……の奇数連の話者と偶数連の話者はちがう話者です。この二人の話者が対話していく形なのです。対話の形式で運ばれていく詩です。絶妙な対話ですね。

一連は、かたつむりの目玉、三連はから、五連は足に目をつけています。これはかたつむりの特徴です。そこに目をつけるという着眼点はいいのです。でも、それをどのように認識しているかというと〈目玉がつのの上にある〉のが〈おかしい〉と認識しているのです。〈おかしい〉というのは美的でない、という意味なのです。「美」の観点からおかしい、醜いと認識しているのです。ここには一連の話者の価値認識があります。美的認識といいます。それに対して二連の話者は〈おかしくない〉、〈目玉が　上ならよく見える〉と反論しています。

〈上ならよく見える〉というのは「用」の観点から、役に立つという観点から、目玉が上にあるというのは、かたつむりが生きていくうえで役に立つのだ、という観点から反論しているのです。それは、役に立つというだけでなくて、醜くはない、おかしくはない、それでいいんだと同時に反論しています。つまり二連については、美と用の観点を結合させた二連の話者の観点というものをしっかりおさえて、授業をしてほしいと思います。

ここでは一連に対して二連が反論になっています。反論は対比《たいひ》になっています。その対比の関係が三連・四連、五連・六連、七連・八連、というふうに反復しています。対比の関係の場合は後にくる方が強調されます。ここでは偶数連が強調されます。つまり反論の方が強調されます。重ねて、からをしょっているのはおかしいとまた言います。すると、いやそうじゃない、敵にあったらもぐりこむ、そうしたら身の安全を保障できる、役に立つと反論します。そのことは決して格好が悪いわけじゃない。それでいいのだ。つまり、そのことがまさに美なのだと逆にいい返しているのです。

ここの二人の話者の認識の方法（ものの見方・考え方）の対比をおさえながら指導していくといいと思います。結局、最後には〈のろいなあ／うごかないのと　おんなじだ〉と否定します。それに対して八連の話者は〈のろくたって／とまらなけりゃいいんだよ〉。

止まりさえしなければ、千里の道も一歩よりという意味で、牛の歩みも千里を行く、という諺があります。たとえ、のろくても一歩一歩しっかり目的に向かって歩いていけばその方がいいのだと言っています。

そのような大事な認識内容が、かたつむりという題材を使って、こういう発想で、この二人の話者を設定し、先に否定させ、次に反論して肯定させるというふうに二人の話者の対話のかたちで構成していく表現のあり方。これも同時に学ばせていくことになります。これも、一口に言えば「人は見かけじゃない」ということです。もののねうちをどこで見定めるか。美の観点、用の観点というものをどういうふうにおさえるか、ということを教えてくれる作品ということです。

それを教材化しました。しかし、この教材でかたつむりのことをわからせるのではありません。かたつむりで、教材でそういう大事な認識の内容と認識・表現の方法を具体的に低学年の子どもにも学習させます。そういうところを見極めるのが教材分析・研究です。

したがって、「かたつむり」でも現象と本質・価値の関係をわからせます。「のろまなローラー」でもそれをしていきます。五年生の「わらぐつのなかの神様」でもくりかえししていきます。ある意味では六年間通して、くりかえし変化をつけて発表させて徹底していきます。六年間こうやってごらんなさい。先生方！　どういう子どもたちに育っていくと思いますか。それをサボタージュした場合や読解だけに終始した場合と、私たちが主張してきた「認識と表現の力を育てるという目的をもって授業」をした場合と、どれだけの違いが出てくるでしょうか。一歩の違いが百歩の違いになってくるのです。

民話によくあります。三人の兄弟が旅に出ました。三本のわかれ道へ来ました。兄は上の道を行きます。中の兄はまん中の道を行きます。下の弟は下の道へ行きました。初めはたった一歩のちがいですが、それがどういう結末になるかといいますと、しまいには片方は検非遺使《けびいし》になり、片方は盗賊になった――などという話がよくあります。そのように、子どもの運命というのは教師の手にかかっているのです。一歩の差は教師の手にかかっているのです。そういうふうに考えないと、とても現在の日本の学校では教師をやっていけるものではありません。

おわりに、大事なことは、手を変え、品を変え、くりかえしやっていくことです。それを、「変化を伴って発表する反復」とわたしたちは言っています。「ときに、反転もする」と。例えば、「ものは見かけじゃない」ということ一つをしっかり学ばせただけでも、ある意味では十分と言っても言いすぎじゃないくらいです。そういう中で、人権とは、平和とは、労働とは何か、愛とは何か、連帯とは何か、自然との共進化（自然保全）はどうあればいいかという六大テーマを、しっかり学ばせていきます。人間として生きていく上での基本的本テーマです。

生活の中で学んでいくことも、もちろん大事です。しかし、現実の中の事象というのは、あまりにも複雑なもの・こと、あまりにも偶然的なもの・ことがいっぱいからまり過ぎています。だから、とらえにくいのです。

ところが、文芸作品の世界では、幸いにして、典型的な「もの・こと」として単純化されて出されていますから、ムダなことや余計なことが一切ありません。「必要にして十分」な形で表現されています。短い時間で、今言った大事なこと、認識内容を与えることができます。そこに、文芸教育の独自な役割があります。しかし、これもやっぱり生活と深くかかわっていないと、作品の中だけで人生とか人間とか世の中のことを認識させることは不可能です。活字中毒者か本の虫を育てていくことにしかなりませんから。

本日は、いっしょに研究してくれてありがとうございました。


そう結ばれました。

この後、参加者から、さまざまな質問が出されました。虎熊先生は、その一つひとつにていねいに、わかりやすいことばで、しかもおもしろく説明され、一人ひとりに充分納得してもらいました。

授業研究が終わったとき、日は、とっぷりと暮れていました。虎先生は、学校の裏門から道路をひとまたぎして、十八名の先生方を自宅へ誘《いざな》ってくれました。

六帖間と六帖間の襖を取りはずし、応接台を二つ並べて、その周囲にそれぞれ座りました。若々しい品のある奥様が出てこられて、

「土曜日といいますのに、皆さん、おつかれさまでした。夫の、漫才のような授業、お役に立ちましたでしょうか。何もありませんが、獲れたてのカツオの刺身と焼酎だけはたっぷりあります。うんとお召し上がりになってくださいませ」

と、あいさつされました。つづいて、長男、次男が明朗な声であいさつして勉強部屋へ行きました。

奄美文芸教育研究会の事務局長の宮崎義郎さんが、乾杯の音頭をとりました。

「虎さん。いい授業を提供してくれてありがとう。そして、参加して下さった先生方もありがとう。皆さんに、乾杯！」

「かんぱーーーい！」

と、すごい声と、カチンカチン、カチンカチンと、コップを合わせる音が快くひびきました。芯からビールをうまい！と感じました！

こういう、すごい先生方とのふれあいは、はじめてでしたので、帰宅してからも寝つけず、友人のTと、朝まで電話で話をずっとつづけました。すべて、「かたつむり」の授業をしている虎先生と十三名の子どもたちについてでした。

二人は、「二月の研究会の定例会に必ず出会します」と、虎先生と宮崎先生にそれぞれ約束したと、話して会話を終えました。朝の六時でした。

（御礼：虎熊先生の〈まとめ〉講話は『西郷竹彦文芸・教育全集』第13巻の285ページから287ページまで、引用させていただきました。深く感謝いたします）

Ⅱ　「生活日記」で授業

一、いじめ克服のために

これは、伯父の島野虎熊から聴《き》いた話です。

ここ二十数年余、全国《ぜんこく》のあっちでも、こっちでもいじめを苦にして登校拒否、いじめられつづけ、友にも父母にも教師にも誰にも打ち明けることができずに自殺してしまう、という悲劇がくりかえし起こっています。

わたしは、いじめについて、いじめられる子どもだけが悲劇だと思っていました。でも、それは、表面的《ひょうめんてき》な見方、考え方、つまり狭く浅く貧しくひねこびた見方、考え方だと、伯父からいろいろな実例を聴いて認識しました。

いじめる子は、人をいじめていい気分になっている、おもしろがっている、ますますひどいいじめ方になっていき、人間としてひとかけらのねうちもないことに気づいていない。わかっていない。悲しいあわれな生き方をしている点で悲劇なのだと認識したのでした。

いじめられる子もいじめる子も、つまり、被害者も加害者も、いじめというのは、人生を生きていく意味・価値の観点でとらえていくと、「虚偽《きょぎ》・悪《あく》・醜《しゅう》・無用《むよう》・汚濁《おだく》」の評価にしかならない、ということを気づかせ→わからせ→身につけさせる（認識させる）ことが、教育だとわたしは認識したのでした。

それでは、どこで、なにを、どのように、いじめ克服のために指導していったらいいのでしょうか？

文豪ゴーリキーは、「文芸は人間学だ」と言いました。生身の体験は、狭く浅く貧しくひねこびたことのくりかえしです。もっと、いろいろな場で、広く深く豊かにことばをとおして体験することができるのが文芸作品です。内外の作品を子どもの発達段階に即して教材化し、最新の考え方（理論）と方法で、子どもたちを育てていけば必ず克服できます。

わたしは、文章がへたです。でも、伯父から聴いたことを、わかりやすく、やさしく、たのしく、おもしろく、皆さんの役に立つように書きました。「善は急げ」です！　すぐ、実践に移しましょう。

実践を始めたら、子どもたちに早教えをしないことです。「ああでもない」、「こうでもない」といろいろ試行錯誤をさせて、ものごと（自然・人間・社会・歴史・言語文化）の本質と人間の真実（こうあって欲しいという願い・祈り）に気づかせ↓わからせ↓認識させていくことです。そして、それを正しい日本語で表現できるように導いていくのです。

そのとき、教師や親や大人が、一方的に子どもに教えていくのではありません。「子どもに教えることは学ぶこと」という「共育《きょういく》」の考え方にたって、「子どもたちと共に学び、共に育っていく」、という考えでじっくりと腰をすえていってほしいと思います。たのしくできます。

ちょうど朝顔の種を蒔き、毎夕水をあげますと双葉が出ます。さらに水をかけてあげますと、本葉が出て、すくすくと伸びていきます。やがて、蕾がつき、花がつぎつぎと咲き、やがて実を結びます。花も実もある授業、花も実もある子どもたちとの一時間一時間、一日一日、そして、一年間にしていってほしいと願っています。美と真実を求める旅です。

二、生活日記で「いじめ」に気づかせる（これも、伯父から聴いた話です）

〈あのね、せんせい。ぼくははしりがおそいから、それにきゅうしょくのたべるのもおそいから、それにさんすうのけいさんをするのもおそいから、それにそうじのときもゆっくりゆっくりするから、みんなでぼくのことをいじめます。うたをうたって、「でんでんむしむしかたつむり」のうたをうたっていじめます。「もしもしかめよかめさんよ」のうたをうたっていじめます。がっこうはほんとうはすきです。でも、いじめられるから、がっこうは大きらいです〉

島野虎熊は、いつものように校長教頭にあいさつをすませ、出勤簿に押印すると教室へ行きました。もう春です。廊下の窓も、校庭側の窓もぜんぶ開けてあります。早く登校した子どもたちが開けたのです。早く登校するのは、子山羊やうさぎの親子やチャボの親子に朝の餌をやったり、水をやったり、小屋のそうじをしたりした後に、それぞれ校庭へつれ出して、動物と遊べるからです。学級十三名のうち七、八名が登校していて、飼育小屋で楽しく過ごしていました。登校拒否などない状況を創ってありました。

そのようすをちらっと見て、椅子に座り、一番上にあった「生活日記」にあの文が書いてありました。悠太の生活日記です。虎熊は、〈いじめます〉の文章と童謡を〈うたっていじめます〉の、三カ所に傍線を引き花丸を大きく描きました。それから、〈いじめは、してもいけないし、いじめをゆるしてもいけません。悠太、よく書いてくれた。ありがとう！〉と朱書しました。ほめたのです。指導言《しどうげん》です。

この四月、名古屋から転校してきた悠太を級友がいじめていることを虎熊は、初めて知りました。始業式から一カ月も過ぎているにもかかわらず、気づいてさえいない自分が、五十四歳のただの老教師に見え、見すぼらしく恥ずかしくなってしまいました。

悠太の文章は、四年生というのに漢字は〈大きらい〉の一字だけで、あとはすべてひらがな表記でした。それは、四月七日の最初の日の国語・社会・算数・理科の授業でわかっていました。ひらがなもカタカナもただ書いているだけで、正確でないし、整ってもいませんでした。美《び》の観点でいえば、就学前の幼児の文字でした。それは、算数の1・2・3の数字の文字でも同様でした。正しく、美しい文字に変えなくてはなりません。

ですから、一班は放課後残して「助け合い学習」と称して、悠太といっしょに龍次、さくら、梅乃も五十音の「ひらがな」も「カタカナ」も「数字」もいっしょに、「正しく美しく書く」練習をがんばりつづけてきました。

「ほかの班の人たちは、早く帰れていいな！」などと不平を言う子もいましたが、級訓「一人はみんなのために、みんなは一人のために」を学級総会で決めてありましたので、班長のさくらが、「悠太が正しく美しい字を書けるようにおうえんしてあげてよ！　龍次の字も梅乃の字もわたしの字も、正しくきれいな字になってきたがね」と、ぴしっと釘をさすのです。

一カ月余で、悠太の文字もほかの子どもたちの文字とあまり変わらないくらい、正しく美しい文字になってきたのです。虎熊は、あとは、算数のたし算・ひき算・かけ算・九九がパッと流露するまでがんばらせ、夏休みになったら、自宅に呼んで基礎をみっちり、くりかえしさせたら、九月には十二名と足並みがそろうと、見通しを立てていました。

それだけに、〈ほんとうはがっこうがすきだけど〉、〈いじめられるから大きらいです〉という悠太の「生活日記」にショックを受けたのでした。虎熊は、窓から体半分乗り出して、

「おーーい！　悠太ーー！」

と、大きな声で呼びました。悠太だけでなくほかの子も、みんな虎熊の方を向きました。

「悠太――！　ちょっとおいでーー！」

と、もう一度呼びました。

「はーーい」

と、こたえて、小走りです。ゆったりした感じで駆けてきました。出入口に来た悠太に、

「ちょっと教室に入ってこっちに来て」

と、虎熊はやさしく声をかけました。悠太がそばに来たので、

「悠太。みんなが、『でんでんむしのうた』や『もしもしかめよ』のうたをうたって、悠太をいじめると、よく書いてくれた。先生は、この日記を読むまで気づかなかった。ごめんね」

「……………」

悠太は、ことばには出せず、うんと小首でうなずいただけでした。これを書くまで、何回も、いや、何十回もためらい、ためらい、やっと連休の明けた昨日書いたのでした。

「悠太。今日のいまから、先生は、いつもいつも悠太の味方だから、もう絶対にいじめはさせないよ。約束するよ。悠太を呼んだのは、そのことを伝えたくてだったんだよ。〈いじめられるから学校は大きらいだ〉と書いてくれてありがとうね。思い切って書いたから、え

らい！」

虎熊先生は、悠太をほめて、みんなのいる所へ行かせたのでした。すっごいスピードで走って行きました。

虎熊は、始業は八時十五分であるのに、七時半には出勤する。それは、「仕事は、だんどり八分《はちぶ》」ということを、亡父幸榮《こうえい》から、庭の草ぬきやほうき作り、そうじ、まき割、風呂たき等々、夏・冬・春の休みに帰郷するとき、くりかえし教えられていたからでした。父は、「仕事美さ《きょら》」「仕事速さ《ふえ》」をモットーにしていました。父の美学が大好きでした。

島野虎熊は、悠太の日記を手にすると、職員室へ急いで行き、模造紙《もぞうし》を教具棚から一枚抜き取ると、用務主事室へ行きました。

和室に上がり障子をしめました。台の上に紙を広げ、悠太の日記を黒いマジックインクで視写しました。もちろん、さきほどこの日記を使っていい、という悠太のゆるしはえてありました。視写していくと、悠太の心の動きが手に取るように伝わってきます。その度に、「悠太、すまん！　一カ月余もいじめに気づかず、きみを苦しませて、ほんとうにすまん！」と、心から悠太にわびました。涙が落ちてしまいました。ああっ、鈍くなった老教師！

視写を終わると、くるくると紙を巻いて、教室へ帰りました。

八時十五分。始業のチャイムが快いメロディーを奏でました。一年生から六年生までのたて割りの班で、それぞれの委員会活動です。十五分間です。その間、教師は職員朝会です。委員会活動は教師がタッチしなくてもできます。この奄美大島でも戦後の長い教育の歴史と伝統が根づいているからです。トイレも水飲み場も飼育小屋も花園もその他いろいろな場所を十五分間で、一日気持ちよく学校生活が過ごせるように手際よくやっていきます。

昨年の四月に転勤してきたときから、すばらしい点だと、虎熊は、子どもたちにも教師たちにもうんとほめてきました。ほめる度に、師も子も成長していきました。

さて、朝の短学活も終わり、一時間目の授業の始まりのチャイムが鳴りました。

虎熊は、さっき巻いた紙を教壇の上におきました。それから、十三名に向かって、しみじみと話しました。

虎熊　きょうの道徳の時間は、毎日きみたちが書いている「生活日記」の中から、悠太くんの日記を教材にして、みんなで、人間について、世界について、勉強したいと思います。悠太くんのゆるしをうけて、これに先生が、日記を全文写してあります。あと黒板に張って、先生もふくめて十四名でいっしょに読んでいきます。

・どんな人物か。
・どんな世界か。
どう思うか。
なぜか?

（板書）

黒板に書いてある、ことについて自分が感じたとおり、思ったとおり、自分のことばで発表してください。

（虎熊は、セロハンで手際よく張り、かみしめるように読みました）

虎熊　みなさんは、悠太くんの日記を、そっくり写してください。草野心平の「春の歌」を視写したときのように全文写して、この日記の作者〈ぼく〉の気持ち、そう悠太くんの気持ちになって読んでいってください。

（水を打ったようにしぃーーんとして、視写していく）

虎熊　それでは、だれからでもいいですよ。視写しながら読んで気づいたこと、わかったこと、なんでもいいですから発表して下さい。

龍次　四月に悠太くんが転校してきたので、ぼくたちは一人ふえたとみんなで喜びました。いつもいっしょに勉強したり遊んだりしているから、もっと友だちになりたいと思って、ぼくが、一番はじめに「でんでんむし」の歌をうたって悠太くんをからかいました。ほかの人もぼくにあわせていっしょにうたい、からかいました。悠太くんもわらっていたから、いじめになっているとは、ぜんぜん思ってもいませんでした。今日わかりました。

虎熊　うん、なるほどね。ほかに。

安徳　いま、龍次くんも言ったけど、ぼくが「もしもしかめよかめさん」の歌は思いついて、唄いだしたら、みんなもそれにつけて唄って悠太を、おにごっこや点数陣屋（陣取り）のときにからかって、大笑いしました。

でも今日、悠太くんの日記を読んで、視写していって、悠太くんがこんなにいやがっていたとは、知りませんでした。ごめんね悠太！

虎熊　うん、なるほどね。ほかに。

杉作　ぼくも龍次くんや安徳くんと同じです。

虎熊　同じというと？

杉作　ぼくたちは、いたずら半分でからかったのに、悠太くんは、それをいじめと感じて、すごくいやな思いをしつづけていたことに、今日気づきました。さっき、日記を視写していくとき、悠太くんの気持ちがようくわかりました。悠太、ごめんや！

さくら　私も三人と同じです。でも、私は一班の班長を四月からしていながら、悠太くんをみんなでからかって喜んでいたから、班長失格だと思います。一班は、助け合い学習で、毎日放課後に残って、ひらがなやカタカナ、数字の文字の練習を四人全員でやってきたのに、悠太くんをいじめていることに気づかず、それどころか、おもしろがっていたから、いけないとわかりました。悠太くん、ごめんなさいね。

虎熊　さくらが、まとめて発表したように、おもしろ半分やっていたことが、悠太にとっては〝いじめ〟になっていたのです。そのことに気づかせ、わからせてくれたのは、悠太の日記です。日記に書くまで、どれだけ苦しみ、迷ったことでしょうか。心を決めて、書いたことが、みんなに人間として一番大切なこと、そう、一人ひとりには絶対侵してはいけない人権《じんけん》(板書)というものがあるということを気づかせ、わからせてくれました。悠太に、その勇気に拍手を送りましょう。(大きな拍手)

それから、オルガンで「人間っていいな」の前奏を弾き、みんなで斉唱しました。

にんげんっていいな

山口あかり作詞・小林亜星作曲

くまのこ見ていた かくれんぼ
おしりを出したこ いっとうしょう
夕やけこやけで またあした
またあした
いいな いいな
にんげんって いいな
おいしいおやつに ほかほかごはん
こどもの かえりを まってるだろな
ぼくもかえろ おうちへかえろ
でんでん でんぐりかえって
バイ バイ バイ

もぐらが見ていた うんどうかい

びりっこげんきだ　いっとうしょう
夕やけこやけで　またあした
またあした
いいな　いいな
にんげんって　いいな
みんなでなかよく　ポチャポチャおふろ
あったかい　ふとんで　ねむるんだろな
ぼくもかえろ　おうちへかえろ
でんでん　でんぐりかえって
バイ　バイ　バイ

いいな　いいな
にんげんって　いいな
みんなでなかよく　ポチャポチャおふろ
あったかい　ふとんで　ねむるんだろな

ぼくもかえろ　おうちへかえろ
でんでん　でんぐりかえって
バイ　バイ　バイ

悠太の瞳も、他の人の瞳もうっすらとうるんでいました。

島野虎熊は、悠太が解放されただけでなく、クラスみんなが、虚偽・悪・醜・無用・汚濁の言動から、真・善・美・用・聖の認識へ変革したことに、清々しい心地になっていました。白百合が咲き、春は去り、緑の季節《とき》が来てさわやかな風をさやさやと送っていました。まるで春を惜しんでいるようでした。

（大島郡内のある小学校三・四年生の学級の実例。名前はすべて変えてあります）

Ⅲ

急がば廻れ

（二〇一二年八月二十一日の模擬授業です。学校名も変えてあります。伯父でもある虎熊先生の講演、実は授業を自分で観たことをまとめました）

一、模擬授業

虎熊先生に教え子の中原美恵から急な電話がかかってきました。八月一日でした。

「先生、お元気ですか？　近くの小川中学校へ四月に転勤して参りました。私は、そこで研究主任に任命されました。あいさつにも行かず失礼しています。

さっそくですが、今月の二十一日の出校日の後に、午前十時から十二時まで夏期研修を計画しております。『人権尊重』のテーマで、以前同じ勤務校でやって下さったあのオセー・エワの『だから　わるい』のような寓話《ぐうわ》で授業をして下さると、おもしろくて、たのしくて、やさしくて、わかりやすくて、先生方も血肉化しやすいと思うのですが、どうでしょうか？」

「あの教材は、初めての教師集団には、ちょっと、無理ですね。ですから、中国の詩人リュー・ユイの『かたつむり』という小学一、二年生向きの詩でやります。教材は、当日、講演で、つまり、授業で紹介していきます。それで、いきましょう！」

「はい。わかりました。よろしくお願いいたします」

と、中原美恵は電話を切りました。

虎熊は、庭に出て草花に水をかけてあげながら、中原が着想し島うたの達人坪山豊に三昧線を弾いてもらって創造した「六調体操」を想い出し、あいかわらずがんばっているな！と感じ、嬉しくなったのでした。それも、着任一年目で、やるわい。

島野虎熊は、学校長と研究主任の中原美恵につぎのことを記して書簡を送りました。

授業の目的

子どもたちを、自分と自分を取りまく世界をよりよい方へ変えていく主体的な人間に育てていく。人間観・世界観の育成。

（自分をも他人をも大切にする考え方、生き方をする子どもに育てる）

教材

中国の詩人リュー・ユイ作「かたつむり」出沢万紀人《いでさわまきと》訳

（詩の全文は授業で紹介していく）

準備する教具

チョーク　赤・黄色いチョーク二本

　　　　　白いチョーク三本

指示棒

黒板（横長のワイドスクリーン型）

八月二十一日、校長室で、学校長と虎熊が談話していると、

「校長先生。虎熊先生。時間です」

と中原美恵が知らせに来ました。

研修室に三人が入るとさっそく研修会が始まりました。中学校の研修主任である中原が司会進行で、板書してある本日のテーマを清々《すがすが》しい声で読み上げました。体育教師であるから声が美しい！

「研究テーマは、人間観・世界観を育てるです。自分も他人も尊重する人間に育てる共育を実践していく、サブタイトルです。今日は、かた苦しい講演ではなく、詩の授業という形で、わかりやすく、やさしく、おもしろくしていただけると思います。その前に、学校長から講師の紹介をしていただきます」

校長は、後ろの席からさっと立ち上がり、前に出て行きプリントを見ながら、島野虎熊のプロフィールを紹介しました。

校長　講師の島野虎熊先生を紹介します。

先生は、文芸作品や子どもたちの作文等をとおして、感性を磨き、思いやりの心を育てることに尽力されるとともに、執筆活動も続けられて多くの本も刊行されています。

私も国語教師の一人ですが、国語や作文の授業の難しさも痛感しています。どうしたら作文好きの子どもになるのか、「言葉のもつ力」を感じさせることができるのか、日々悩んでいました。

本日は、お忙しい中、私たちの研修のためにお越しいただきましたので、ぜひ島野先生のご指導を受け、今後の実践に生かしていただければと思います。それでは、よろしくお願いいいたします。

虎熊　こんにちは。島野です。

いい教室ですね。冷房がきんきん効いていて心地いいですね。時代が進歩しますと、こんなにちがうもんですね。私の若いころは、夏期研修といいますと、うちわや扇子でぱたぱた風を起こし涼をとりつつ研修したものです。それを忘れた人は、ノートでバタバタ大きな音をたてて（笑い）暑さを必死にしのいで研修したものです。当時は冷房のついている部屋は、養護室でもありません。もちろん教室にもついていません。何台も新品のあるパソコン室にだけついていました。子どもより教育機器の方がとても大切にされていまして、私は、「世紀末戯画」なんていう詩で風刺したもんです。予算がないと言っていながらあるんですね。あるところには。企業のために。

ところで、七月の初旬、滋賀県大津市の中学校の生徒がいじめによる自殺をしたという報道がありました。この報道をＴＶできいて、（あっ、やっぱり、また起こったか！）と思いました。と言いますのは、二〇一〇年栃木県の小学校六年生のＡ子さんは、クラスでいじめにあい、その学校がいやになり転校をします。でもまた、いじめにあう。何校も転校するけどやっぱりいじめにあう。とうとう、Ａ子さんは自殺してしまったんです。ＴＶや新聞でそれが報道されると、あっちでも、こっちでも自殺が起こり、日本中がパニックになってしまい、大きな社会問題になりました。

その時も文部科学省から都道府県教育委員会へ、そこから校長へ、校長から担任へ、「もっとちゃんとした**対応**をしなさい」という厳しい通達が出されました。しばらくはいじめはおさまっています。しかし、また起こったと報道されると、あっちでもこっちでも自殺が起こったと報道されました。

その二十数年前、愛知県の中学校でいじめによる自殺が起こったとき、当校の校長もその市の教育委員会の教育長も文科省の与謝野馨大臣も村山首相も異口同音で、「厳しい対応を学校でも家庭でもして欲しい！」といった決まり文句でしか答弁できませんでした。なぜ、いじめが子どもたちの集団で起こるのか。どのような考えで、どのようにしていったら、いじめをなくせるのか。教師や父母や地域の人たちや国民を説得し、納得させることを誰一人として答弁できなかったのです。

二〇一二年の大津市の事件のときも同様です。このように、対応・通達では、いじめはなくなりません。なぜ、でしょう？　それは、いじめる側の子どもたちは、もの・ことのとらえ方が表面的表皮的画一的にしかできません。考えること・思うこと・言うこと・すること、すべてがうわっつらだけの画一的な認識、表現しかできていません。ですから、罰を与えても、説教したり、なんやかんやしたとしても、その子供の認識を変えない限り、言動は変わっていかないのです。かんたんな理屈ですね。

罰を与えると、また起こる。だんだんいじめは陰湿になっていく。歪んでいく。エスカレートしていくのです。それが、人間のあさましさです！　これがいじめのなくならない本質です。まさに、何年かの周期でいじめによる自殺がくりかえし、あっちでもこっちでも起こるのです。

まさに悲劇です。こんなことを話していますと、何十時間あっても足りません。いじめをしない子ども、いじめをされてもそれに負けない子ども、それを許さない子ども、ことばでもって反撃する子どもを育てていくには、どのような考え方（理論）でどのような指導（方法）をしていったらいいか、ということについて小学校低学年の教材「かたつむり」という詩で共に学んでいきたいと思います。断っておきますが、「かたつむり」について学ぶのではありません。この教材で、いじめをくりかえしつづける狭く浅く貧しく歪んだひねこびた誤った認識しかできない子どもたちを、「もの・こと」の本質や人間の真実に気づかせ→わからせ→身につけさせていく（認識していく）子どもたちに変革していく理論と方法をこそ、この教材で学んでいくのです。いじめられている被害者の子どもたちは、そんな誤った認識力・表現力しか身につけていない子どもの言動で、学校を嫌いになったり、不登校をつづけ、ひきこもって家で暴れたり、親にも教師にも友だちにも誰にも言えなくなり、ついに自殺してしまう。こういうたましい行動に陥落していかないような考え方・生き方を育てるのです。考え方・生き方、つまり、思想＝理念（イデア）を認識させ、表現させ、心身ともに健やかな子どもに変革するのです。それこそが教育、いや共育《きょういく》であります。

「思想教育はアカ！」などというのは、ひと時代前の考えです！　思想とは考え方、生き方です！　いじめる子どもも、いじめられる子どもも同様、人間として悲劇であることを、まず、教師や親や大人が認識して欲しいと思います。両方とも人間として、よりよい方へ「もの・こと」を広く深く豊かに認識でき、表現することができる子どもたちに変革することです。それこそが、教師の生き甲斐ではないでしょうか！　それを一人ひとりの子どもたちに、発達段階に即して順次認識させていく。文芸の授業だけでなく、全教科・全領域で、うまずたゆまず育てていきましょう。これが、本日のテーマです。

題名　かたつむり

作者　リュー・ユイ　作
訳者　出沢《いでさわ》万紀人《まきと》　訳

（・どんな世界《せかい》か　・どんな人物《じんぶつ》か）どう思うか　なぜ？

（板書）

T　中国人の詩人リュー・ユイが書いた「かたつむり」（板書）という詩です。出沢万紀人が日本語に訳してあります。この詩でいっしょに世界（板書）について、人間（板書）について学び合い育っていきましょう。みなさんは、小学校一年生になったつもりで、ことばの芸術である詩を文芸として味わっていきましょう。「かたつむり」といいますと、明治四十四年に文部省唱歌が日本では作られました。〈でんでんむしむしかたつむり／お前のあたまはどこにある／つのだせやりだせあたまだせ／でんでんむしむしかたつむ

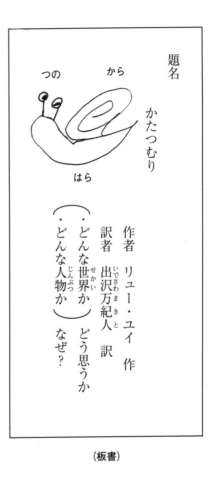

り／お前のめだまはどこにある／つのだせやりだせめだまだせ〉。これは蝸牛《かたつむり》の「有《あ》り癖《くせ》」をあげつらう、からかいの歌・いじめの歌でしかありませんね。「富国強兵」の教育政策の下でつくられた唱歌ですね。

リュー・ユイの詩は、それとは逆の見方・考え方、表現の詩です。芸術性・教育性・思想性の三つの観点で評価し、教材化しました。人権教育には最適です。

この教材で何を学ぶかといいますと、どんな世界か？（板書）、どんな人物か？（板書）、どう思うか？　なぜか？（板書）、つまり、世界観と人間観を育てていく、ということです。

人物という用語はこう教えます。

じんぶつとは、人間のように

考《かんが》えたり
思《おも》ったり
言《い》ったり
したりするものを言います。

（文図）

〈かたつむり〉はどんな人物か？　という問いに、人物なんて、一年生にわからないだろうと思う方がいると思いますが、平仮名で〈じんぶつ〉と書くと、やさしいでしょう。入学してすぐの子どもたちは、「職員室」「養護室」「廊下」などと漢字は読めないけど、一つ一つ実物を見て耳でことばをくりかえしくりかえし聴いているうちに、それを使っているうちに身についていく。物とことばの関係はそういうものです。外国語もそうです。

この文《ぶん》図を模造紙に書いて、授業の度、何回もくりかえしジェスチャー入りでやると身につきますよ。子どもたちは、とても喜びます。用語は大切です。中には用語を教える授業をする方がおりますが、文芸教育の用語は、世界観、人間観を育てていくための手段ですね。目的と手段を混同しちゃいけません。

それじゃ、皆さん立ってください。（全員起立）

右手をあげて、〈人物《じんぶつ》〉とは、人間のように

考えたり

思ったり

言ったり

したりするもの　を人物《じんぶつ》といいます。

元気よくできましたね。(笑い)(三回反復)

A ついでですので、そこの黒いシャツの先生、これを書いた人をなんていうの？

T 作者といいます。

A (板書しつつ、ルビもつけて)きちんと言えましたね。偉い！(近くへ行って頭をなでてやる所作。〈笑い〉)

T じゃ、つぎはその横の先生。灰色のシャツの方、中国語を日本語でわかるように直した人のことを？

B 訳者といいます。

T (板書しルビもつけてから)訳者とちゃんと言えましたね。偉い！(笑い)みなさん、いま笑いましたが、教師というものは、なかなか子どもをほめませんね。あれこれ、ケチはつけるけどほめない。そのさいたるものは、おうちでの教師、おかあさんです。何十年か前、諸鈍《しょどん》小の三年生の子どもたちに「おかあさんのことば」という題材で詩を書かせたんです。それも「一日のうちで、一番よく言うことばを朝から順に書くのです」と指導助言して書かせたところ、学級の九割以上の子どもたちが、書いているんです。なんということばだったと思いますか。

C 「早く○○せ。早く○○せ」(つぶやくようなことばで)

Ｔ　そう、〈早く〉ということばです。
早く起きろ。早くトイレへ行け。早く歯をみがけ。早く顔洗え。早く朝ごはん食べろ。早く着替えろ。早く学校へ行け。（笑い）
帰って来たら、早くおやつを食べろ。早く宿題すませろ。早く風呂入れ。早く夕飯を食べろ。早く寝ろ……。（大笑い）
諸鈍は、学習塾がありませんから、早く塾へは、ない！（笑い）
よくもまあ、こんなにつぎからつぎへと、お母さんというものは気がつくもんだと、私の方は感心させられました。といっても、お母さんは、賢い子、やさしい子、強くてじょうぶな子に育てようと思って言っているのです。でも、単調なくりかえしですから、逆効果になってしまいますね。いやになってしまいますね。でも、早くせんと怒られるから、仕方なくやる。（笑い）
この詩のいくつかを学級ＰＴＡで取り上げましたら、爆笑に次ぐ爆笑。でもね、あとは、涙になってしまいました。それで、教育の大原則は〈ほめて育てる〉ということをわかり合い、子も親も師も脱皮し大きく成長する契機になりました。書いたところから、師弟ともども、親子ともども変わっていった。成長していったのです。これが共育ですね。
さて、横道にそれすぎてしまいましたが、まず、一連を板書します。みなさんも視写してください。視写は、作者の心と筆使いをとらえるのに最もすぐれた方法ですから、子どもたちにもぜひ視写させてください。一連《いちれん》をすべて書きます。うたいながら書きます。

一連《いちれん》

かたつむり
おかしいな
目だまがつのの　上にある

（板書）

〈赤色チョークで書きました〉〈かたつむり／おかしいな／目だまがつのの　上にある〉と悪口を言うのです。中国の詩ですから中国語でね。それを出沢万紀人さんは、そのまま訳してないですね。日本の伝統的な詩歌のリズムをふまえて五・七の調べで訳していますね。声に出して味わってみましょう。（全員で音読）名訳ですね。でも、悪口です。それでは、右側の二列の先生方は、この一連の悪口を言う人物になって〈かたつむり〉をからかってください。いじめてください。（大声で読む）

こんどは、左側の二列の先生たち、この悪口に対して言いかえしてください。まず、一人で考えて下さい。（三分）こんどは、隣りどうしで話し合ってください。（三分）つぎは、一番目と三番目の先生方は後ろを向いて四人で話し合ってください。（班討議）

二連
おかしくない
おかしくない
○○○○○○○○　○○○○○

（板書）

○○と伏字にして、考えるように工夫してある。授業の仕組み・仕掛けですね。構想ですね。

班討議はおたがいを認め合う場ですね。

校長　俺の目玉は、望遠レンズでよく見える。（笑い）

T　それで、だいたいよろしい。（頭をなでてほめてあげる）（笑い。校長は大喜び）でも、ほら、一連でふれたでしょ。五、七のリズムを。あのリズムでどなたか？（しーーぃん）

T　いまね、校長先生が一年生になりきって発表しましたね。それが、いいんですよ。みなさん、いま笑いましたけど校長が発表したから、つぎの方は発表しやすいんです。校長先生のこたえは九九点です。あと七五調に、指を曲げたりして、直せばいいんです。

中原　目だまが上なら　よくみえる、です。

T　何がよく見えるの？　中原先生？

中原　敵がよく見えるのです。命がけで生きていますから。自分で守らないと、生きぬいていけないからです。

T　いいねえ。一〇〇点です。中原先生、校長先生のがヒントになったんでしょ。（そうです）お友だちの考えをきいて学び合う、いいね。（二人を交互にほめてやる所作。大笑い）「ほめて育てる」、これは「教育の大原則」です。今日の研修は、これ一つ、おぼえて終わりにしてもいいくらいです。（笑い）なかなかほめないんです。教師も親もね。大人も。わたしなんか、三十七歳になるまで「熱灰者《あてぃぶえむん》」（ソコツモノ・アワテモノの方言）とからかわれ、バカにされてきました。両親にも兄弟姉妹にもね。

何かいいなと感じたら、よく考えたりしないですぐ行動し失敗ばかりくりかえしてきました。ところが三十七歳のとき、恩師が私の学級通信『龍の子《たつこ》』を『国語教育の全体像』（西郷竹彦著　黎明書房刊）の「第六章　作文教育　ほめて育てる」の解説文のなかで、〈いいと思ったら、すぐ実践に移していく。島野先生の教師としての情熱に改めて、頭が下がるおもいがし、胸が熱くなった〉と評価してくれたんですね。熱い涙を流しましたね。三十七年という長年、欠点と叱られ、怒られ、バカにされののしられてきた欠点を長所だ、と評価されたのですから。天地がひっくり返りましたね。それで文芸教育の研究と運動に増々はまっていったですね。第十三回の全国大会を奄美市で開会したりですね。教育実践集を刊行したり、いろいろやりました。教師のほめるひとことって、すごい力をもっていますね。

三、四連に進みましょう。

三連

かたつむり
おかしいな
おうちをしょって　あるいてる

（板書）

四連

おかしくない
おかしくない
○○○○○○　○○○○○

（板書）

三連は、また悪口、からかい、いじめです。さあ、言いかえして！（個人思考→班討議。うなずいたり、笑ったり、おもしろそうに学習）

C　おうちがあるから、すぐはいれる。

T　うん、いいですよ。だいたい（笑い）どうしてすぐはいれるの？

C　敵に見つかったりするとか、出会った時。命があぶない。喰われちゃう。

T　うん。いいねえ。七五調で言ってみて。

C　てきにあったら　はいりこむ。（拍手！）

T　いいですよ（指を折りつつ）〈てきにあったら　もぐりこむ〉です。イメージはぴったしですよ。一〇〇点ですよ。（大きい拍手）

C　（満足な微笑）

T　この悪口雑言をくりかえし言うヤツラは、〈かたつむり〉の有り癖しか言わない。学校や地域や会社等でのいじめは、そういう表面的表皮的画一的な捉《とら》え方、表現でいじめていくのですね。これでもか、これでもかと言いつづけるのですね。それが、いじめの本質です。さあ、つぎへいきます。

五連

かたつむり
おかしいな
おなかがそっくり　あしになる

六連

おかしくない
おかしくない
○○○○○○○○　○○○○○

（板書）

T　ちょっと、こちらを見てください。(右手で小さい白いチョークを持って)この右手のものは〈かたつむり〉です。それから、(「中原先生。指示棒を準備しておくように頼んであったでしょ?」。「うわあっ!しまったあ!」と大急ぎで取りに出て行く。Tは近くにあったコンパスをさっと左手で取ると)これは、〈かたつむり〉の好物の野菜の高い茎です。(コンパスの先ほどまで、ゆっくりと昇ったとき、中原先生が、ステンレス製の指示棒をTに渡します。するするすると一メーターくらいに伸ばして)餌をとるために、野菜や木にこうして昇っていくんですね。落ちてしまったら、下は固いかたい地面。大ケガをするか、へたをすると命を失ってしまいますね。

C　足が大きいからあんぜんだ、と私が〈かたつむり〉なら言い返してやります。

T　そのとおりですね。いまの発表とてもよかったですね。私がかたつむりなら、こう言い返します、と発表されましたね。こういうのを同化体験といいますね。文芸体験には、二つあります。そのうちの同化です。ことばを通してね。動作もね。

共体験
同化《どうか》体験　人物といっしょになっていく体験
異化《いか》体験　人物をそばで観る客体化する。客観化

（板書）

この二つを**共体験**といいます。

この同化と異化の二つの体験をとおしてものの見方、考え方を身につけると同時に、それを表現する方法も身につけていきます。〈かたつむり〉でしたら、こいつになんと言って、とどめを刺しますか。「蜂の一刺し」のようなことばで、ズバッと相手をやっつけてください。へたりこましてください。

T　一人で考えてください。

六連の三行目を考えるとき、そこだけで考えては、いけませんよ。そこまでの詩を読みかえして、そのイメージで五連を読み、そう言うのなら、こんどは、こう切り返してやるぞ、と考えてください。ひびき合わせるのですよ。後先《あとさき》をね。関連させるのです。

（一人ひとり真剣に考えつづけている。自分で自分をより高いレベルへと磨いている。すばらしい教師たち。いい世界だ。虎先生は目を細めて見つめている）

T　一人で真剣に考えていますが、班討議に入る前、ちょっとこっちを向いて下さい。（白いチョークの小さいのを摘んで）これは〈かたつむり〉です。これは、（指示棒をするするすると一メートル余に伸ばしてから）〈かたつむり〉の大好物の野菜の高い茎です。餌をさがすためにゆっくりゆっくり昇ってきました。（コンパスのてっぺんまで昇りきったとき）今度は、どうしようかなあと、思案しています。

足が小さいと不安定ですね。あやまって落ちてしまったら、下は、固い地面です。どうなってしまうでしょう？（今度は、言い返すことばではなく、〈かたつむり〉の落ちたときの様子を具体的にことば体験させるために、イメージをより豊かにさせ、テーマに迫っていく工夫した発問です。さすが、虎先生だ。授業の山場への仕掛けである！）

C　死んでしまいます。からが砕けてしまいます。

C　死なない場合でも、重傷です。

T　そのとおりですね。（と相槌を打って、今度は指示棒を水平にしました）この中指くらいの白いチョーク、いや〈かたつむり〉は、こんども、ゆっくりゆっくりその上を歩いて行きます。

ここを歩いて行くときも、どうですか？

C　あしが、大きいから落ちたりしません。

C　安全です。安心です。

C　だから、生きていけるのです。

T　ああとてもいいねえ。それじゃ、班討議に入ってください。反論のことばを紡ぎ出して下さい。班長さんたのみますよ。

Cたち　（こたえは、もうすでにわかっているらしく、教育技術の「教師と授業」のあり方の意見が、あちこちの班から聞こえてきます）

C　教具が準備されてなかったけど、虎熊先生はぜんぜんあわてなかったし、叱ったり怒ったりもしなかったですね。（うんうん）

C　近くにあるものをぱっと取って教具にかえ、授業の流れをぜんぜん乱さないで、あの場面のイメージをふくらまさせていきましたね。

C　やっぱりコンパスよりうんと長い指示棒の方が、〈かたつむり〉のイメージもテーマのイメージもうんと強調されましたね。

T　話し合いの途中ですが、やめてください。どなたか？

C　○○のこたえ八文字のことばと五つのそれで発表する前に、授業と教具、教育の機器ですね、その扱い方について指導者のあるべき姿について私が気づいたこと、思ったことを発表します。（拍手）

T　おおっ、いいぞっ！

C　それは、虎熊先生の教具の使い方についてです。中原先生に頼んであった教具、指示棒が準備されていなかったのですが、普通だとあわててしまいます。でも、虎熊先生はなんなく、さらりと近くにあったコンパスを取り、それを野菜の茎に見立てて授業を奥へ奥へと進めていかれました。授業の流れを中断しないで進めていくその技にすごいと、感じ入りました！（拍手）

私でしたら、皆さんが観てますから、パニクッてしまいます。すぐ、中原先生が指示棒を持って来たら、さっさと取り替え、伸び縮みするステンレスの指示棒の特徴を活かして、するするすると一メーターくらいに伸ばしました。それから〈かたつむり〉の生命を支えている〈あし〉の働きについて、機能について、私たち生徒に気づかせ、わからせ、認識させていった授業の運びは、さすがプロと、とても感動しました。（拍手）

それでは、班の意見や考えをいろいろ聴いて、私は、自分のこたえをこうノートにまとめました。

〈あしがおおきけりゃ　あんぜんだ〉

（と発表して、前へ行き黒板の〇〇〇の所にすらすらすらと板書しました。大きな拍手）

T　そのとおりです。一〇〇点です！満点です！

こたえもよかったし、その前の授業における「教具と授業」ですか、「授業と教具」ですか、それについての感想がすばらしかった。

研究主任の中原先生！　心臓止まらなかった？

中原　しばし止まりました！（笑い）

T　でしょうでしょう。手紙で頼んでありましたからね。校長先生は、うわぁ本校の恥をさらしてえ。なにしょるんじゃあ（笑い）と、今くらいの声で叫びたかったけど、虎熊先生の前ですから、ぐっとがまんがまん。しらんぷりしていました。（大笑い）

T　そういうマイナスの場面って、授業でもほかでもいろいろありますよね。あのとき、内心どきどきでした（笑い）。でもちょっと見廻したら、教室ですからいろいろ何かありますよね。数学の図形で使う木製のコンパスがあったので、ぱっとそれを使って授業を進めたのです。せっかく、授業がここら辺からせり上がっていくのを中断したくなかったからです。映画を観ていて、昔は、よく、フィルムが切れて、長く待たされていらいらしたもんですよね。せっかくの〈かたつむり〉のイメージをどんどんふくらませていたからね。

ぱっとできたのは、私が、学校や地域の友だちと野や山で、川や海で、家では兄弟姉妹八人と、いつもいつもよく遊んだからでしょう。誰が誰だか見分けがつかなくなるまで、よく遊びましたもの。昔の人は実にうまいことを言ったもんですねえ。いい訓《おしえ》です。

よく遊び

よく学べ

と。今は朝から晩まで、よく学べ、よく学べ。早く早く。これじゃねっ。遊ぶ中で、いろいろな場でのあり様が、身についていく、認識力となっていくのですね。友だちから学んでいくのですね。

と、まあ、私のとっさの思いつきの行動。機知ですね。カッコよく言うと。それに深い意味づけ・価値づけしてくれたさっき発表された先生。すばらしいものの見方、考え方、そして、表現でしたね。（そばへいって頭をなでる。大きい拍手）それだけで、もう本日の研修は一〇〇パーセントOKですね。終わりにしましょうか、校長先生。（大笑い）

校長 そうしましょうか。すばらしい発表でした。さすが、我が小川中学校だ！（立ち上がってVサイン。大笑い）

T マイナスになってしまいがちな授業の場面でしたね。でも、もたもた、もたもたしながらではありましたが、なんとかイメージを中断させなかった。中原先生が、指示棒を持って来たとき、私はいつもはコサンという竹の指示棒を使っていました。

でも、ステンレス製のでした。それだ！とすかさずその特徴を活かしていけたのです。

ですから、安全と危険、生と死というドラマチックな場面が、ぐっぐうっと盛り上がっていったのですね。失敗は成功の元！（拍手）

中原研究主任のミスを逆にプラスに転化していったドラマでしたねえ。そのドラマと共に、この詩のテーマの核心に迫っていきましょうか。（まさにせりあがる授業です）

T さあ、いよいよ七連と八連です。人物の「有り癖」を言い尽くしたいじめっ子たちは、こんどは、行動に目をつけて悪口雑言を言います。そういう連中だから、言い方も型通りですね。見方、考え方が画一的ですね。

七連

かたつむり
のろいな
うごかないのと　おんなじだ

（板書）

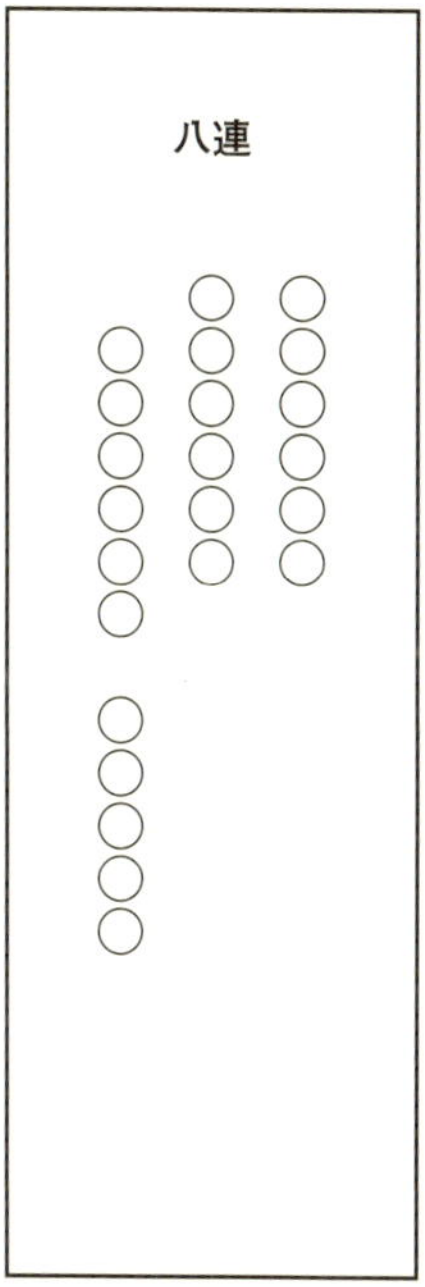

（板書）

これまで三回も悪口雑言を言い放っても、まだ言い足りんのですね。（Tが七連を意地悪く読む）

有り癖をすべて言われて、こんどは自分の短所と世間で言われていることを言われたのです。さあ、先生方。あなた方が、かたつむりになってください。

T　どなたか？

C　………。（みんな真剣に考えている）

T　校長先生、どうですか。

校長　おかしくない／おかしくない／あるいているから　いいんだよ。

T　意味はあっていますね。でも、いじめるやつの一・三・五・七連のセリフ、もう一回おさえてみてください。四回くりかえしているでしょう。同じことばのくりかえしは三回が限度ですね。四回以上だと、逆効果になってしまいますね。さっき「お母さんのことば」という子どもの詩であったでしょう。朝から寝るまで「早く」「早く」を十回くらいくりかえし言ってるでしょう。そうなると単調になってしまう。機械的な反復になってしまう。汽車や電車のコットンコットン走る音とか、時計の振り子のコッコ、コッという単調なリズム（いまは、もうないかな！）はくりかえされると、ねむくなってねてしまうでしょう。

〈かたつむり〉は、自分のことを表皮的に、うわつらだけ見て悪口をくりかえし言うヤツに、輩《やから》に「おかしくない　おかしくない」と二・四・六連のようには言わない。変化をつけて、自分の行動の本質を言い返すのです。加害者を串刺しにしてしまうくらい、ズバリ反撃するんです。意味は校長先生が発表されたとおりです。それに変化をつけて、言ってみてください。

「西郷文芸学」では、「変化を伴ってつけて発展する反復」といいます。ときとして「反転もする」と。

C　（全員真剣に考えている）

T　校長先生が発表してくれたから、それをふまえて発表したら。たとえば算数でまちがった子がいたら、どこで、なぜまちがったのか、本人に発見させて、板書もさせて、本人に説明させて、クラスの全員に聴いてもらう。まちがいを逆用するんです。そこをほめて、育てていくんですね。ドラマチックで、本人も級友も大きく、知も徳も美も育っていきます。教える教師も、とても楽しいし、うきうきします。

C　のろくても／のろくても／うごいているから　いいのです。

T　いいですね。とてもいいですね。変化をつけて↓発展する反復ですね。

C　（全員うなずいている）

中原　のろくたって／のろくたって／とまらなきゃいいんだよ、です！　島野先生の研究授業で、以前この詩を勉強したときのことばが、今、パッと流露《りゅうろ》してきました。リズムって、とても大切なんですね。

T　さすが体育の先生ですね。ことばのリズムで、忘れていた詩のことばが流露したというのですから。訳者の出沢さんもさすがですが、中原先生もすごいですね。さすが。

ところで、中国の故事に、〈千里の道も一里から〉というのがありますが、八連の反撃はそれですね。

二、《まとめよみ》

T

皆さん一人ひとりが〈かたつむり〉の生き方、考え方、思想・理念をわがこととして思想化（理想化）・典型化・普遍化・概念化していく段階です。《まとめよみ》ですね。寓話《ぐうわ》に、「うさぎとかめ」というのがあります。あの〈かめ〉は、「千里の道も一里より」の格言どおり生きている典型的な人物ですね。（思想を耕していく、豊かにしていくのです）

これまで一時間余かけてやったのを《とおしよみ》と言います。そこまではことばをとおして文芸体験のうちの同化体験をします。感情的感性的体験です。

それを、もっと深めていくために、先の感情体験の意味・価値を問うのです。一・三・五・七連で悪口を言われたとき、なぜくやしかったのか。なぜ、腹が立ったのか。そのわけを考えるのです。意味づけ・価値づけの段階ですね。

悪口を言い続けたヤツラは、〈かたつむり〉を終始一貫、表面的表皮的画一的に美《び》の観点《かんてん》でしか認識していないし、表現していませんね。〈かたつむり〉と自分を対比して違うところを美の観点でしかとらえていない。〈め〉も〈おうち（から）〉も〈あし〉も〈歩く姿〉もそうですね。うわっつらだけですね。

ですから、〈かたつむり〉の本質が全く見えないのです。見ていても見えないのです。だから、くりかえしくりかえし、しょうこりもなくいじめているのですね。

さっき人物とは、人間のように考えたり、思ったり、言ったり、したりするものという用語を学びましたね。あの四つの中の一つ（思っているから、考えているから言うのですが）、一・三・五・七連の人物が、くりかえし言っていることを評価していきますね。

T　真《しん》か虚偽《きょぎ》か。　C　虚偽です。

T　善か悪か。　C　悪です。

T　美か醜か。　C　醜です。

T　役に立つか。　C　無用です。

T　聖か汚濁か。　C　汚濁です。

T　これが《まとめよみ》です。この五つの観点で、いじめっ子は評価されますからなんの価値もない。このことを認識させていく。

人物の考え、言動を文章表現をふまえて手を変え、品を変えてね。つまり、同じテーマの別の作品を教材化するのです。それを〈つづけよみ〉と言います。意味づけ・価値づけを反復して強調していきます。特に、ここ三十年近くの日本の子どもたちは、いや大人もこの価値判断が育てられていません。だから、秋葉原無差別殺人事件に象徴されるおぞましい事件が、全国のあちこちで起こっているのですね。日常茶飯事になってしまっていますね。九年も十二年もかけて、知識と技術のみじゃねえ。日本の教育の悪しき成果ですね。学力テストなどはその象徴です。

それは、日本の政治・経済等、社会構造の矛盾が、教育にも文化にも悪の影響を与えている。それに負けない子どもたちを育てていく。日本の教師たちも父母も地域の私達も、発達段階に即して自分の言うこと行動することの人間としての意味・価値をしっかり身に付けさせていかなければなりませんね。私に言わせるならば、あの犯人たちも、実は悪しき教育や文化の被害者なのです。ああいう人に育てたのも教育なのですから。

価値基準

真《しん》・善《ぜん》・美《び》・用《よう》・聖《せい》

虚偽《きょぎ》・悪《あく》・醜《しゅう》・無用《むよう》・汚濁《おだく》

（板書）

子どもたちが、学校や家庭や地域でする言動にアレッと感じたら、教師も親も、地域の人々もこの価値基準で子どもに問うのです。子どもは社会のものです。遠慮などいりません！「善は急げ」です。今日から、すぐ実践しましょう。

そのように全国の津々浦々で実践していったら、いじめを克服できるでしょう。またいじめにあっても、ひとかけらの値うちもない言動に負けない、しなやかな認識を持ち、〈かたつむり〉や〈ローラー〉のような人物に、日本中の一人ひとりの子どもたちが成長していき、イジメルヤツラを逆によりよい方へと変革させていくようになるでしょう。教育の目的は自己と自己をとりまく世界を主体的によりよい方へ変えていく主体者に育てていくことです。

もの・こと（自然・人間・社会・歴史・言語文化）は千変万化していきます。たとえば、地球ですが、四十六億年余進化しています。

人間も、もののうちの一つ、「ヒト」です。すこしでもよりよい方へ変えていくように育てていきましょう。かならず進化していきます。教師もいっしょに共進化していきましょう。

先生をされている皆さんは、この〈かたつむり〉という人物を、好ましい人物と感じたし、思ったし、考えたでしょう。あんなに小さく、あんなにのろくて、あんなにへんてこりんなのに、全く気にしていません。自分の個人格《こじんかく》を保持しているからです。私達が接するすべての子どもたちを〈かたつむり〉や〈ローラー〉のように育てていきましょう。うまず、たゆまず……。

題名《だいめい》　かたつむり
作者《さくしゃ》　リュー・ユイ　さく
訳者《やくしゃ》　いでさわ　まきと　やく

かたつむり
おかしいな
　めだまがつののうえにある
・反復・対比
美的観点のみ

おかしくない
おかしくない
　めだまがうえならよくみえる
美・用の観点で

（板書例）

かたつむり
おかしいな
　おうちをしょってあるいてる
美的観点のみ

おかしくない
おかしくない
　てきにあったらもぐりこむ
美・用の観点で

かたつむり
おかしいな
　おなかがそっくりあしになる
美的観点のみ

おかしくない
おかしくない
　あしがおおきけりゃあんぜんだ
美・用の観点で

かたつむり
のろいな
　うごかないのとおんなじだ
美の観点のみ

のろくたって
のろくたって
　とまらなきゃいいんだよ
美・用の観点で
千里の道も一里から

（板書例）

Ⅳ

模擬授業

――「のろまなローラー」の《つづけよみ》の授業

（二〇一二年八月二十一日のつづきです）

一、模擬授業

T　この茶封筒には、絵本が入っています。（と言って口の所をちょっと広げてのぞきこみ）おおっ！　と言って、すぐには、出して見せません（笑い）。見たくてたまらないように仕向けていくのです。子どもの意欲を引き出す工夫ですね。「仕組み・仕掛け」ですね。大人の先生方だって早く見たいでしょう。子どもは、好奇心が旺盛ですから、うずうずしてたまらない。一、二年生ですと、先生だけ見てひっきょうじゃ！　ずるい！　早く見せて！　なんて椅子に乗って首を長くしてのぞこうとしますが、見えませんね。ここらで、すばやく取り出して表紙も裏表紙も横に見開きにして見せます。〈だんどり〉ですね。長すぎては間延びしてしまいます。二、三分くらいで何気なくするといいでしょう。この絵本は、文が横書きですから、左手で持って、右手の人さし指は、タイトルを指したり作者や画家の名前を指したり、登場人物を指したり、子どもの視線を集中させるために使います。「集中しなさい」なんて子どもに言うのはヤボですね。集中するように、大道芸人のように、芸《げい》をみがくのです！　井上ひさしから学びました。

三、四十年くらい前でしたか、この『のろまなローラー』（福音館書店刊）がT社の二年生の「国語の教科書」の文芸教材として編集されました。文章は、横組みを、縦組みに替えてありました。ところが絵はそのまま、絵本のをそっくりのせてあったのですね。縦組みの文章は、右から左へと人物の行動は「行く」で左から右へは「帰る」になりますね。これでは、文章のイメージと絵のイメージが混乱しますね。文にも絵にも遠近がありますからね。どうして、こういう単純な誤りをしてしまったかと言いますと、教科書の編集者は文や絵に視点《してん》があり、遠近もあることを知らなかったからです。さいわい私達は、視点に気づき→わかる→身につく段階に成長していましたので、いろいろな場で批判しました。T社は、さし絵を入れかえて次年度の改訂に間に合わせた、というエピソードがあります。作者は文を書くとき、ある視点人物を設定します。その人物から「もの・こと」をとらえ表現していきます。「もの・こと」とは自然・人間・社会・歴史・言語文化のことです。

文芸学では、行動線といっていますが、これは世阿弥《ぜあみ》が「風姿花伝」(花伝書)という本の中で「順勝手《じゅんかって》」、「逆勝手《さかかって》」という用語で絵巻物について論じていますね。この視点論は、文芸で体験を豊かにしてくれます。生身の体で体験すると体中傷だらけになってしまう。戦争などですと弾に打たれて命を落としてしまう。だから、文芸でことばを通してその世界で呼吸《いき》づいている人物と同化して体験していくのです。読者の皆さんは、学校か図書館から借りて絵本を眼前において下さい。購入すると一番いいのです。
　さて、絵本を左手に持って表紙も裏表紙も見開きにして、右の人差し指で題を指さしながら〈のろまな　ローラー　こいで　しょうご作　やまもと　ただよし絵〉と〈よみきかせ〉をし、横長に描かれたローラーを指して、前へ後ろへ動く所作をします。絵本を開いて見ながら、こんどは①扉をちょっと見せて本文に入っていきます。（①は一ページのことです）②③〈ローラーが　おもい　くるまを　ごろごろ　ころがしながら　みちを　いったりきたり　していました。〉
　この場面は、絵と文を同時に見せてます。絵本ですから右の人差し指でローラーが〈いったり　きたり〉するイメージをふくらませてやります。ローラーの目に心が表現されています。いっしょうけんめい働いていることが、よくわかりますね。運転手の顔の表情が描かれていないのは、テーマに関係のない人物ですからその程度に描いてあるのですね。それと比べてローラーのボディーは精密に描いてあるでしょう。必要なもの・ことを必要かつ充分に画家は文とひびき合わせて描いてあるのですね。しかし、文に従属していません。対等なスタンスで描いています。すぐれた作品ですね。人権教育にうってつけの教材ですね。
④⑤の場面は〈ぶっぶっぶっと〉ここまでは教師だけ絵本を見て、子どもには〈うし

ろから、おおきな　トラックが　やってきました。〉と読み終わるかいなかのときに、絵を見せ、〈おおきな　トラック〉を指して、〈「じゃまだよ、じゃまだよ。どいたりどいたり」と　いって　ローラーを　しかりつけながら　おいこして　いきました。〉⑥は、絵本の左ページだけ折って見せ、おもいをこめて〈ごろごろごろと、ローラーは、おもい　くるまを　ころがして、ゆっくり　ゆっくり　うごいて　いきました。〉と〈よみきかせ〉をしてやります。

⑦は、〈ぶっぶっぶっと、うしろから、りっぱな　じどうしゃが　やってきて、〉ここで絵を見せてやります。読点で絵本を見開きにして⑦の絵を見せてあげます。〈「おいおい、のろまな　ローラーくん。どいたり　どいたり。あっはっは……」と、わらいながら、ローラーを　おいこして　いきました。〉

⑧の場面も前の場面同様に絵本を半折りにして左の場面だけ見せて、〈ごろごろ　ごろごろ　ローラーは、でこぼこみちを　たいらに　しながら　いきました。〉⑨の絵を見せ、〈ぷっぷっぷっと、うしろから　こがたの　じどうしゃが　やってきて、「おさきに　しっけい、ローラーくん。どこまで　いくのか　しらないが、その　ちょうしでは、ひが　くれますね」と、のろまな　ローラーを　ばかにしながら、さっさと　とおりすぎました。〉と読んでやります。三人でからかっていますね。

⑩⑪は絵も見せ、〈ローラー〉に深いおもいをよせてゆっくりじっくり〈よみきかせ〉します。〈ローラー〉のひたむきな生きる姿をしみじみと師弟ともども味わいます。〈ごろごろ　ごろごろ　ローラーは、それでも　やっぱり　ゆっくりと、おもい　くるまをころがしながら、みちを　なおして　いきました。〉

ここまでは、漢詩でいいますと、起ですね。三人の人物から悪口をたたかれ、馬鹿にされていますね。しかし、ローラーはマイペースで仕事に熱中して、彼らの表面的なとらえ方、そしてそれを口で言い放っていることは、ローラーの労働の本質に対して無知無名だ、とローラーは認識しているのですね。宮沢賢治の『気のいい火山弾』の〈べこ石〉と共通する人柄・人格ですね。

ですから、怒りもしないし悲しみもしない。ましてや仕事をバカバカしいと言ってほうり出したりしませんね。肯定的人物として描かれています。それと対比して三人は否定的人物として描かれています。子どもには、真と嘘、善と悪、美と醜、用と無用、聖と汚濁が一読してよくわかるように表現されています。大人の小説は、そうはいきません。矛盾した存在ですから、これらすべてをトータルに表現しないとならないわけで、純文学と大衆文学などと分類していますけど。分類することそのものがおかしいですね。おかしいけれども、社会というものは、利潤がからんでくるんで、矛盾をかかえこんでしまうのですね。アレッ、脱線してしまいました。
承の場面の⑫に進みましょう。〈ごろごろ　ごろごろ　ローラーが、でこぼこみちのさかみちを、ゆっくり　のぼって　いきますと、やまの　ふもとの　みちばたに、さっきの　トラックが　とまって　いました。〉ここまで読んで⑬の絵を見せ、〈トラック〉を指します。先生方も息をこらして絵に見入っていますね。心でいろいろ思っているのでしょう。そして、やさしい声で次は〈よみきかせ〉をしましょうね。皮肉っぽく読んではいけません。〈ローラー〉の人格に傷がつきますからね。
〈「どうしましたか、トラックさん。やまの　ふもとで　おつかれですか」
ローラーが　こうききますと、
「でこぼこみちで、パンクだよ。ちょっとやすんで、パンクを　なおしているのだよ」
トラックが　あせを　かきかき　ためいきついて　いいました。
「まあまあ、それは　おきのどくに。しっかり　なおして　おいでなさい」（間）
ローラーは　そういいながら、ごろごろごろごろ　さかみちを、ゆっくり　のぼってい
きますと――〉⑭⑮はぱっと見開きで絵本を見せ、〈やまの　とちゅうの　みちばたに、
りっぱな　じどうしゃが　やすんで　いました。
「どうしましたか、じどうしゃさん。のぼりみちで　おつかれですか」

ローラーが　こうききますと、
「でこぼこざかで　パンクだよ。ちょっとやすんで、パンクを　なおして　いるのだよ」
ゆげを　たてたて、りっぱなじどうしゃが　ためいきついて　いいました。
「それは　ほんとに　おきのどく。はやく　なおして　おいでなさい」
のろまなローラーは　そういって、ごろごろ　ごろごろ　さかみちを、ゆっくりすすんで　いきますと――〉つぎの⑯⑰を見開きにして見せて本文を〈よみきかせ〉していきます。
〈「どうしましたか、こがたくん。みはらしやまで　けんぶつですか」
ローラーが　こうききますと、
「でこぼこやまで　パンクだよ。ちょっと　すわって、パンクを　なおして　いるんだよ。でこぼこやまには　よわったよ」
こがたの　じどうしゃは、こういって、からだを　ゆすって　なきました。
「それは　なんとも　おきのどく。すっかり　なおして　おいでなさい」
ローラーは　そういって、ごろごろ　ごろごろ　やまみちを　ゆっくりあるいて　いきますと、でこぼこざかが　たいらな　みちに　なりました。〉
⑱⑲は、〈ローラーが　あせを　ふきふき、みちを　なおして　いきますと、〉ここま

では教師だけが見て読み、読点でぱっと見開きにして、〈ぶっぶっぶっと、うしろから、おおきな　トラックが　やってきました。〉とやります。元気ないい声で、「やあやあ、ありがとう、ローラーくん。きみの　おかげで、でこぼこみちが　たいらに　なりますね。ほんとに　ありがとう、ローラーくん」パンクの　なおった　トラックが、おじぎを　しながら　いきました。（間をとる）

　ここで、ちょっと変化をつけるために、次の頁は、だれがどうなっていると思う？と問いかけてみてください。ハイ、あなた。

C　〈りっぱな　じどうしゃ〉が　やってきて〈ローラー〉におわびを言ってから行きました、と書いてあると思います。

T　うわっ、すごい。そのとおりです！　あなたは、この絵本を読んだことあります？

C　いいえ、初めてです。

T　でも、どうして、ぴしゃっと言えたの？

C　三人の人物が登場して、悪口言ったり、パンクをなおしたりしているのも、順序が同じだから、ローラーの本質が認識できて、おわびを言って、清々《すがすが》しい心でトラックが行ったから、〈りっぱなじどうしゃ〉もそうだろうと、想像しました。（楽しそうに発表）

T　そのとおりですね。作者のこいでしょうごは、そのことを計算して、つまり場面を構成するとき、そのように構想を立てて、それにそって書きすすめていますからね。

それは、反復《はんぷく》という認識する方法であり、裏返せば表現する方法でもあるわけで、その二つは表裏一体、手の表と裏みたいなものですね。反復という方法で、〈ローラー〉も三人の人物も強調しているのですね。起の場面では反復することで、ローラーと三人が対比ということになり、それぞれが強調されていきますね。承でも転でもそうですね。

それは、この教材でローラーという自動車について知ったって、たいした役にはたたない。なによりも肝要なことは、反復と対比という認識・表現の方法は、最も基本的で最も根本的方法＝学力ということです。すべての基本です。

これを国語だけでなく、全教科全領域、全生活を通して、気づき→わかり→身につけていくのです。そうしていったら、いじめっ子も出てこないし、たとえ、いじめられてもめそめそ泣き寝入りなんかする子どもは一人もいないと確信しています。

このことを四十数年前から主張しつづけていますのに、なかなか国民教育のイロハとして、まだまだ定着していません。定着したら、いじめで自殺するなんていう子は一人もでてきません。中原先生から、電話があったとき、私はすぐOKしました。それは、一日も早く日本の子どもたちをいじめから解放し、自由に伸び伸びと学校でも家庭でも地域でも成長していって欲しいという熱いあついおもいからです。

真の学力。「いじめ克服の近道＝急がば廻れ」という私の本日のテーマもよく伝わっていると思います。大急ぎで次の頁へ　いきましょう。先に発表したとおり書いてあります。

⑳㉑はぱっと見開き、明るい声色《こわいろ》で〈よみきかせ〉します。〈ぶっぷっぷっと、うしろから、りっぱな　じどうしゃが　やってきました。

「さっきは　しっけい、ローラーくん。のろまな　きみを　わらったが、ほんとに　ありがとう、ローラーくん」

パンクを　なおして　やってきた、はやい　りっぱな　じどうしゃが、おれいを　いって　いきました。〉と〈よみきかせ〉。

㉒㉓は絵と文と同時です。〈ぷっぷっぷっと　うしろから、こがたじどうしゃが　やってきて、

「さっきは　いばって　すみません。きみの　おかげで　このとおり、みちもりっぱになるのですね。ほんとに　ありがとう、ローラーくん」

と　いいながら、げんきよく　はしって　いきました。〉三人とも自分の言ったこと、したことに気づき↓わかり↓認識したのですね。だからすなおにあやまって、道路工事のお礼を言って去っていったのですね。

人間が己《おのれ》の誤りに気づき・わかり・認識し成長していく姿ってすばらしいですね。そこにこそ教育、いやいや共育《きょういく》の営みの喜びがあるんですね。〈ローラー〉も気持ちいいでしょうねえ。㉔㉕はさっと見開いて、〈のろまな　ローラーは、さかみちを　ゆっくり　ゆっくり　あるきながら　やまのうえまで　やってきました。〉

カメラでいうとロングでとっていますね。

とてもいい絵ですね。何気なく描かれている木々も山の麓は広葉樹林、山頂付近は針葉樹林と、さすが画家ですね。文とひびきあって、ふくらませていますね。

さあ、転から結へ移ります。

㉖㉗の絵がいいですね。文もいいですね。〈そして、ローラーは、たいらになったさかみちを、ごろごろ　ごろごろ　あともどりしながら、ゆっくり　かえって　いきました。〉夕焼けが美しいですね。ローラーの仕事を終えた喜びですね。しかも、狭く浅く歪んだひねこびた貧しい認識しかローラーの仕事のことについて知らなかった三人。でも、ローラーの仕事の本質が認識でき、のろまな動作の裏にある、奥にある本質にふれ、自己変革したのですね。パンクやエンストになって、そのことに気づき→わかり→身についていった。認識できたのです。

夕焼けのなんともかともいえぬ美しさは人間讃歌の色であり、世界ですね。

日本の学校でも家庭でも地域でも、こういう人間関係が創造できると、どんなに人間は幸福でしょうか。それを実現していくのは教育であり文化である、と私は思っています。

さいごに、《つづけよみ》という指導の理論・方法は、反復《はんぷく》（類比《るいひ》）という認識の方法・表現の方法、つまり「教育的認識論」を授業に応用・援用《えんよう》していったものです。この反復という方法は、それまでの日本の生活日記、「でたとこ日記」「その日暮しの日記」から脱皮させ、ある一つの問いを日一日と問いつづけていき、自分で自分を一日一日成長させていく『テーマ日記の指導』へと発展し花を咲かせ、実を結ばせました。それも奄美の教師たちの実践記録でありますが、それは、つぎの機会に紹介しましょう。おわります。（大きな拍手）

二、研修の感想

研修主任の中原美恵先生が、授業感想を先生方に書いてもらい、数日後、届けてくれました。全文そのまま紹介します。

〈つづけよみ〉そのものもおもしろかったですが、読んでいく際のテクニックというか、相手をあきさせない話のもっていき方は、さすがだなあ……と感心させられました。

「ありくせいうな」「なんくせいい」とよくききますが、人の欠点（に見えるところ）や、人と違っているところなどを理由に、イジメを行ったり、ムシしたりすることは、良くないんだと、子どもにわからせるような切り口で迫っているので、すごいと思いました。

これから絵本を選ぶとき、または教材研究するときに人権・同和教育の視点も持つよう、心がけようと思います。

ありがとうございました。（M・I）

具体的な教材を使っての研修でとても参考になりました。また教育に対する考え方もとても勉強になりました。（教頭）

教師として、毎日の授業をする上で、改めて、心構えや子どもに対する接し方、誉め方などを教えていただいたような気がします。

普段、当たり前のように、何も考えずにしている事柄も、視点を変えることにより、児童に深く考えさせることのできる教材になることを痛感し、勉強になりました。

子を誉めることは、その子の自信を深めさせ、周りの児童もその子を認め、はげまし、助け合い、支え合う存在へと高めてくれる。その行為が、学級から学校へ、そして地域へと広がっていけるよう、自分自身も研鑽していきたい。（U・E）

日頃、先生方と話している児童の気になること（態度、意欲、言動など）について、私の心の中で開けた感じがした。相手を変えることは難しいが、「自分が変われば、人も変わる」という言葉を思い出した。

授業の進め方、子どもをひきつける方法、興味のもたせ方は、二学期が始まったら早速取り入れることにした。

弱いものに対して優しくできれば、全てのものに優しくできるのだと、絵本「のろまなローラー」や「かたつむり」の詩の授業から改めて感じることができた。

子どもたちに行う読み聞かせは、していただいてはじめて、子どもの心を育むのに、とてもとても素敵なものだと実感した。（子どもたちは、こんなふうに感じているんだなと）

物事の本質や人間の真実を子どもたちに伝えられるように自らも、その大切さを学んでいきたい。

島野先生にお会いできて、そのお話を伺う貴重な時間をくださり、本当にありがとうございました。（S・H）

今日の研修では、人権についてはもちろん、詩の授業の仕方についても学ぶことができて良かったです。

島野先生から、「表面を見るのではなく、本質を見るのが大事」という話があったとき、ドキッとしました。そういう意識を持って、子どもたちと接しているつもりではあっても、自分が忙しくなると、本質を見ることができなくなっているときがあるのでは……と感じていたからです。

それから「かたつむり」の授業で〈かたつむり〉の短所を長所に変えていきながら、自分の短所だと思うところも、長所と捉えられるようになりたいと思いました。

授業を受けるという感覚が久しぶりの感覚で、新鮮な研修会でした。ありがとうございました。準備も計画も大変だったと思います。お疲れ様でした。ありがとうございました。（H）

今回の講話で、一番心に残ったのは、島野先生の教材や生徒に向ける視点の温かさでした。

日々生徒と接する中で、失敗が続くと、生徒を見る目が厳しくなりがちです。特に、授業がうまくいかないのは、生徒指導で問題が起きるのは、〝生徒のせい〟と感じてしまう自分がいます。生徒が考えるような発問や指導の工夫をし、失敗しても、なぜ失敗をしたのか、次どこをどうしたらいいのかを柔軟に考え、生徒が一緒に授業を楽しみながら行くようになりたいです。

そのためには、生徒の多様な発言にも、心に余裕を持って耳をかたむけ、できるだけきちんと誉めてあげながら、授業がすすめられるようになりたいと感じました。(H・M)

一つの教材をいろいろな角度から、いろいろな視点で読みこんでいくことが大切だと思いました。(改めて、気づかされました)そして、もっと教材研究に時間をかけて、楽しみたいと強く思いました。

人のせいにせず、自分に目を向けて授業の工夫をしていきたいと思います。

ほんとうにありがとうございました。(学校長　T・H)

三、授業を参観して

よく見ればなづな花さく垣根かな

芭蕉

右の句は、江戸時代から今日まで、俳聖と敬愛され、その句を多くの日本人に愛吟されてきました松尾芭蕉の名句の一つです。

芭蕉は弟子を連れて吟行をされました。そして、さきの句を巻紙にさらさらさらと認《したた》めて弟子たちにつぎのような訓《おしえ》も語ったのでした。

見るところ花にあらざるなし
思うところ句にあらざるなし

この世にあるものには、すべて花がある。世の多くの人々がつまらないと見ているもの、口々に言っているもの、そういうものたちにも、それぞれの花、つまり、いいところ・おもしろいところがある、美《び》がある、と訓えています。

それが見えない、そのように思えないのはそのものを見ていても見えていないだけのことです。よく見れば、一つひとつに、おもしろい味わい、花、美《び》、芸《げい》があると訓えてくれています。

ロシアの文豪ゴーリキーは、「文芸は人間学だ」という金言を残しましたが、芭蕉のあの句は、全く同じことを句の創造で述べています。

わたしたちは、教師でもあり、社会人でもあります。子どもを観るとき、人と接するとき、芭蕉やゴーリキーの見方、考え方、表現の仕方にたくさん学んでいきたいものです。

ところで奄美では、宴席や豊年祭等で歌や踊りがうまくできた方には、「花！　花！　花！」とほめたたえて、大人には黒糖焼酎を杯やコップに山盛り注《つ》いであげます。子どもたちには祝儀を紙に包み捻ってあげます。その芸《げい》のうまさ・すばらしさ＝花＝美《び》を認め、それを大きく伸ばしてゆきます。

日本一になった「島うた」者が三人もいます。この三人よりもうまい！　と、評価されている唄者もたくさんいます！　奄美の世界に誇れる共育と文化のお手本ですね。

このような考え方、生き方で、奄美に育まれた保母さんや教師たち、父母たち、地域の方々の力を結集して、文芸でいじめを克服していく研究と運動を、この奄美から全国へと南風《はえ》のように拡げていきましょう。

虎熊先生の詩の授業を受けた小川中学校の先生方の感想が全文紹介されています。清々しい文体で、あるべき教師像が文章の行間からも、文章の裏からもあふれていて感動いたしました。こういう学校では、いじめなど起こりません。たとえ、いじめが起こったとしても、帰りの会や学級会の議題になり、理論的にことばでもって、その言動の価値と意味を全員が納得するまで、追求していくでありましょう。その言動＝考えたこと・思ったこと・言ったこと・したこと、それがつぎのどれにあたるか、幼児も、小中学生も、高校生も、大学生も、大人も、万人が、だれでも、その意味・価値がわかるはずです。

真――虛偽
善――悪
美――醜
用――無用
聖――汚濁

いじめを克服していく考えと方法を、ＤＶＤを観たり、伯父の話を聴いてまとめました。まだまだ、未熟者ですから、いろいろご意見やご感想をおよせください。つぎの本では、もっとわかりやすく、もっとやさしく、もっとおもしろく、もっとためになることを書きます。

おわりまで読んでくださって、ありがとうございます。

エピローグ

（ここから、一六〇頁の最終行までは、虎先生がわたしと友人を招いて、しみじみと語ったり、虎先生の師匠の『全集』から抜き読みをしてくれたりしたものです。肝に銘じておきます）

毎年全国で、何人の子どもたちが、いじめで自殺しているでしょうか。

父母から受け継いだ尊い命。それを一瞬にして断ち切ってしまう自殺。子どもの自殺はしばらくマスコミの話題から消えていました。

ところが、二〇一二年初夏、滋賀県大津市の公立中学校二年生が、前年十月に自殺していたことが判明しました。詳細はテレビや新聞で報じられたとおりです。

その後、全国のあちこちで次々と事件が明らかになっています。

その二年前、二〇一〇年、栃木県の六年生A子さんの自殺が、テレビで報道されるや、翌日から、あっちでも、こっちでも子どもたちの自殺が起きてしまいました。「いじめを苦に自殺！」というタイトルが、テレビからも新聞からも週刊誌からも、私の眼に突き刺さってきます。その度に、私の胸はグサリと抉《えぐ》れる思いになってしまいました。万人がそうでありましょう。

　ましてや、自殺した子どもの両親の悲しみ苦しみ悔しさは、いかばかりでしょうか。兄弟姉妹、親族の方々、知人友人たちも深い悲しみに打ちひしがれてしまったでしょう。

　なかでも、自分の腹を痛めた母親の胸の内は、筆舌に尽くしがたいことでありましょう。その悲しみは、わが子をいじめ、死へ追いこんでいったいじめた子どもたちへの憎しみ、恨みの炎へとめらめら、めらめらと燃え上がり、「ヤツラを銛《もり》で突き殺せ！」と、叫んでもあきたらない無念でありましょう。

　それは、私は、人間としての当然のおもいであり、姿だと思います。しかし、わが手でそのようにするわけにはいきません。

　ところで、いじめは力の強い者が弱い者を理由もなく、その人権をジュウリンする、差別することを言います。一人でいじめる。二人でいじめる。三、四人以上の集団でいじめる。いじめられている子の姿を観て嗤《わら》う。おもしろがって手をたたいてあざける。あげくの果ては、なぐる、ける、棒でたたく等々で殺してしまう。あるいは、自殺に追いこんでしまう。いじめは、すべての子どもたち、その両親、いや全国民にとって悲劇です。

　これを克服するのは国民の教育的社会的課題です。この悲劇を克服するには、どのような考えとどのような指導方法を、学校・家庭・地域でつみ重ねていったらいいのでしょうか。

それについて、私の恩師西郷竹彦が提案されています。世界でも初めての提案です。長文ですが、あえて二編を引用いたします。一人で読み、二人で読み、三人以上で、〈よみあわせ〉をして自分たちの考えと方法にしてください。

それこそが、日本の子どもたちをいじめから解放し、自由にしてやれる唯一の理論だからです。（『西郷竹彦文芸・教育全集』恒文社刊　全三三巻　別巻三巻。第一巻　文芸教育論のP303~P310）

＊　＊　＊

いじめ問題について

この稿を書いている今、またもや、いじめによる中学生の自殺といういたましい悲劇が報じられている。いじめによるこの種の悲劇は後を断たない。そして、その度に、学校側や教師の対応が問題となる。また、家庭に対する同情と批判がテレビ、新聞を通してなされる。

この度の愛知県西尾市立東部中学校二年生大河内清輝君のいじめの自殺について、間宮衛校長は記者会見において次のように述べた。（以下、朝日新聞十二月六日付朝刊の記事を参考に）

本人否定、うのみに
校長会見「対応不足」認める

愛知県西尾市立東部中学校の間宮衛校長は五日、大河内清輝君のいじめ事件について記者会見し、以前、二人の教師が清輝君の顔にあざがあるのに気づきながらも、本人が「いじめ」を否定したため、そのままにしていたことを明らかにした。間宮校長によると、教師はいじめではないと判断したものの、「いじめ・登校拒否対策委員会」では話題になった。清輝君が裸にされたことなども同委員会で報告されたが、「いじめ」の対象として取り上げなかったことを明らかにした。同校長はあとから考えると、「対応不足だった」と述べた。また、今後は定期的に会合を開くなどして、いじめの認識を教職員にはっきりさせたい、と話した。

この事件が五日後、参院のある特別委員会で取り上げられ、村山富市首相は、〈まことに痛ましい事件で、遺憾だと思う。このようなことが二度と起こらないよう、文部省を中心に内閣としても対応していきたい〉と述べたとある。

校長は〈対応不足〉と反省し、首相もすぐ〈対応していきたい〉と所信を述べる。いったい、その〈対応〉とは、具体的にはどのような内容のものなのか。この事件についての与謝野文相答弁にそれをうかがうことができよう。

与謝野文相は〈学校の責任を回避するのではないが、基礎的な倫理観を教えるのは、まず保護者だ。それと同時に学校現場は小さな兆候でも見逃さず、子どもの話をよく聞き、こういう事態を回避することが求められている。家庭と教育現場と地域社会が一体となって取り組んでいく必要性を痛感した〉と答弁した。

文相は〈家庭と教育現場と地域社会が一体となって取り組んでいく〉という。これがいわば首相のいう、また、学校長がいう〈対応〉ということであろう。

ふりかえってみるに、これまで、この種の悲劇が起きるたびに〈対応不足〉〈対応していく〉ということが、再三再四繰り返し言われてきた。にもかかわらず、何故いまだに、かかる痛ましい悲劇が後を断たぬのであろうか。それまで学校も家庭も地域も不十分とはいえ〈対応〉を講じてきているにちがいない。しかし、にもかかわらず、依然としていじめは陰に陽にくり返されている。そのことは、「これからの〈対応〉でもってしてもいじめの根幹を断つことはできない」ということを物語っているとしか思えない。

いじめの起こるその根源は、〈対応〉以前のところにあるとしか言えない。いじめの生まれるその根源は何か。学校教育のあり方そのものにあると考えている。受験地獄をさえ生みだしている教育行政のありよう、教育観――つまりは人間観そのものにあると考えている。

大河内君をいじめていた生徒がなぜいじめをするのかという問いに対して「おもしろかったから」と答えたという。この子どもたちには他者の苦しみや悔しさ、また心の痛みがまったく理解できていないのだ。今日の学校教育は、知識と技術教育のつめこみに終始していて、人間としてのいちばん肝心の人間認識が育っていないのである。

人間の喜びや悲しみ、愛するとはどういうことか、信ずるとは、また、ほんとうの幸せとは何か。もののねうち……など人間として最も基本的な本質的なことについて、ほとんど教育らしい教育を受けずにきているのである。

小学校を例にとれば、算数・国語・理科・社会……という教科に分かれた教科教育が行われている。そこでは人間とは何か。人間のしあわせとは何か、人間の喜びや悲しみとは……という人間的なテーマについての教育の場はどこにもない。人間認識を育てる教科はないのである。理科で人間について呼吸や血液循環や消化について教えても人間の喜び悲しみなどについて問題にすることはない。社会科は人間の歴史や社会を対象にするが人間の悩みや痛みについて考える場ではない。国語ではせっかく人間を扱った文芸作品をとりあげながら、読解指導に終始して人間の真実とは何か、何が本当の幸せであり、人間の生む価値とは何かなどの問題はすべてタナあげされている。

私は、せめて文芸をあつかう国語科のなかでいい、人間というものを正面にすえてじっくりと人間をみつめ、人間の真実に通じる教育をすべきであると主張し、この四十年余り、そのための研究と実践をおしすすめてきた。

文芸学における視点論を学ぶことで、人物の身になる、気持ちになる同化体験と、人物を外から横から見る異化体験とを切実に体験することを通して、人間の真実を認識させる実践をつみかさねてきた。また文芸学の虚構論をふまえて、人間と世界のふかい意味を追求する力を育ててきた。

生活指導とか道徳教育という名のもとに、あれこれの〈対応〉をいくらしても、子どもたちの認識を内側から変革することなしには、問題は根本的に解決しない。「急がば廻れ」という。一見、まわり道のように思われるかもしれない。息のながい指導である。地道にこつこつとつづけなければならない指導である。

〈対応〉という対症療法的な手段では、どうにもならないことは、これまでのいじめの問題の歴史がはっきりと物語っている。あれこれの〈対応〉策をねるのもいい。しかし、その前に、なすべきことは、いじめの問題を本質的に考えられる子ども主体をどう育てるかということである。

いじめ問題においていじめられている側が悲劇であることは言うまでもない。しかし加害者もまた、実は被害者なのだ。

いじめている側も、いじめられている側もすべて、いまの子どもたちは、人間について最も肝心なことは何ひとつ学んでいないのである。そして、そのことがいじめというおぞましい現象をひきおこしていることの根源なのだ。

知識、技術も必要である。しかし、現在の日本の教育は（いや明治以来ずっとであるが）知識偏重でやってきた。そのことのつけがいままわってきているのだ。村山首相、与謝野文相は〈対応〉などといわず、教育のありよう、教育や行政のありようの根本的改革をこそ目指すべきである。

共通一次試験の国語のテストの内容を数年にわたって検討したことがあるが、ただの一つとして受験生が人間の痛みがどれだけわかる人間であるかというテストはない。ほんとうのしあわせとは何かについて生徒がどれだけふかく考えているか——ということについてテストすることはまったくない。大学入試のあり方は、そのまま高校入試のあり方となる。もちろん高校、中学校、小学校と教育のありようは一貫して受験体制に左右されたものとなる。いわば人間不在の教育がまかりとおっている。かかる現状で、いじめが起きないことこそがむしろ不思議といえよう。くりかえしいじめの問題がおこるような社会、教育の土壌となっているのだ。眼の前の現象にひきずられ〈対応〉にきゅうきゅうとして抜本的な検討をしていかないと、いじめ問題は今後もくりかえしひきおこされよう。

われわれ文芸研（文芸教育研究協議会）はせめて国語科における文芸の授業という場だけでもいい、いや、そこから人間教育を出発させようとねがっている。そして、このあり方こそ教育の全体におしひろげるべきだと思う。そのためにも、文芸研と教育的認識論の研修がなされねばなるまい。そして、ひとつひとつの文芸教育、認識の教材を人間教育のために、役立てる方法をつくりだすべきである。

首相も文相も学校長も、いじめ問題をはじめ、今日の教育のかかえる悲劇を、対症療法的な〈対応〉の形で処理しようとしている。しかし、これらの諸問題は〈対応〉によって解決できるものではない。企業の論理、つまり人材という名の企業戦士を育成する企業の要請にこたえる形の文部行政の方針を根本的に変革する以外に解決の道はない。

とは言ってもそのことを坐して待っているわけにはいかない。とりあえず私どもは人間学といわれる文芸を教材として、まさに人間学を学ばせる場としての国語教育のあり方を確立する必要がある。このことは学校の現場においては、さまざまな形で闘いとなるであろう。いや、現に、私どものサークル員はいろいろな形で管理職の側からの抑圧を受けている。しかし、真の子どもたちの幸せを願う教師なら、この闘いを辞するわけにはいかない。読解力をつけるという卑小な目的を超えて認識力を育てる国語教育、いや教育そのもののあり方を、さらに明確にしていくことに力を尽くすべきである。

〈対応〉とは、一時しのぎのごまかしの論理にすぎない。私どもは変革をめざすべきなのだ。

急がば廻れ

――ふたたび、いじめ問題について

前回、いじめの問題について所感を述べましたが、そのときにいくら〈対応〉という形で対症療法的な対策をとっても、それでは、いじめ問題はなくならない、かならず今後とも繰り返されるであろう、ということについて書きました。

不幸にも、この「予言」が的中して、またもや中学生の自殺という痛ましい事件が報道されました。

愛知の大河内君の自殺という「事件」以来、日本全国の小、中学校が急遽《きょ》いじめ問題の〈対応〉を講じたにちがいないのです。にもかかわらず、ひきつづきいじめ問題の火の手が各地から吹き出してきています。

先日のテレビでは、福岡のある父親が、いじめた生徒を呼び出して、おどしたというニュースを流していました。また、ある塾の教師は、いじめの問題があるというと、そこへ飛んでいきいじめている生徒を呼び出し「説教」あるいは「おどし」ているというニュースも話題を呼びました。

この父親と教師の愛情と熱意には、頭のさがる思いがしないでもありませんが、しかし、このような〈対応〉は所詮、一時しのぎの対策でしかありません。むしろ、これらの〈対応〉は別の意味での人権問題をひきおこしかねません。

いじめをどうするか——という観点でいじめ問題を考えるかぎり、いじめ問題の本質的解決は絶対に望めないと思います。ある人は、そうはいっても「ふりかかる火の粉は、はらわねばならない」と言います。そのさしせまった気持ちはよくわかります。しかし、それは、対応、また対応という形での悪循環を繰り返すばかりなのです。いじめ問題がはじまってすでに三十年の歳月がたちましたが、結局は、何の解決にもならなかったではありませんか。おそらく、対応、対応……と言っているかぎりでは今後も、いじめ問題は解決されぬまま、くりかえし不幸な事件が続発するにちがいありません。

思いきって、私どもは、いじめ問題をどう考えるか、どう対処するかという発想をきりすて、私どもがこれまでずっと主張しつづけてきた〈人間観・世界観を育てる教育〉を、あらためて全国的な規模において推進する以外にはないと思います。

小・中学校の学級の実態を見てまず気のつくことは、子どもたちのなかに、また教師と子どもたちの間に、話し合う時間がほとんど皆無という状態です。人間の心のいたみについてじっくり語り合うという姿は、どこの学校をのぞいても、見られません。

たとえば、小学校四年生の国語科教科書には新美南吉の「ごんぎつね」という童話が教材としてあります。ごんと兵十という人物のあいだの対話不在がひきおこした悲劇です。おたがい独りぼっちであり、ごんは、あれほど兵十に心を寄せているにもかかわらず、その兵十に殺されるといういたましい悲劇、つまりは対話が成立しないという両者の人間関係がひきおこしたものであることは、文芸研の私どもは教材研究によって十分に承知しています。

私どもの仲間が「ごんぎつね」を教材としてとりあげるならば、この悲劇の本質をあきらかにする授業を時間をかけてじっくりと話し合いの場を設けてすすめるはずです。

いや、何よりも、このような話し合いによって、教師は子どもたちひとりひとりのほんとうの姿（心）を知ることができるでしょう。また子どもたち自身もお互いを十分に理解し合うこともできるでしょう。

すぐれた文芸をなかだちとして、互いにゆたかにふかく語り合うという文芸の授業以外には、今日の教育現場でいったいいかなる場や方法があるというのでしょうか。

教育現場の実態を知れば知るほど絶望的にならざるをえません。教師といえども、子どもとの間に、人間についてふかく語り合う場は、他にほとんど考えられない状況にあります。

私どもが主張する文芸教育の場と方法のみが、教師と子ども、子どもたち自身の心の結びつきを可能とするのである、と言っても過言ではありません。

眼の前に起きているいじめの前兆にあわてふためき、そこへ足をつっこんでしまうと、教師も子どもも泥沼に足をとられ、その深みにしずんでいくのではないでしょうか。

＊　＊　＊

ところで、文科省は全国の小中高の教育現場へ「いじめ対応の周知徹底を図る」通知、通達を連発してきました。しかし、冒頭の栃木県の六年生A子さんの自殺、それにつづいて起こった数々の自殺の事実が示すとおり、いじめはなくなりません。

子どもと子ども、子どもと教師、教師と教師の心の絆、奄美のことばで言えば「結《ゆ》い」の精神がないからです。財界は、文科省は中央教育審議会を通じて教育現場へ「期待される人間像」を要求してきました。ごく簡単に言いますと、社会人になって二割の支配階層、六割の作業層、残りの二割は箸にも棒にもならんものたち、と明確に打ち出して六十数年もたっています。

二割・六割・二割という階級は、何によって決めるかと言いますと、テスト、テストです。テスト、テスト、テスト。受験戦争→受験地獄が教育現場の実態です。ＴＶでも新聞でも学習塾のものすごいＰＲに、国民は慣れてしまい、おかしい！狂っている！と感じなくなってしまっているのです。

わたしたちの幼小中高の時代は、野や山で、川や海で、異年齢集団で陽が西に傾き、遊び相手の顔も判別できぬまで自由に伸び伸びと遊びました。そういう美しい大自然の中での遊びによって、仲間で楽しくおもしろく遊び、集団の規律も連帯感（結い・絆）も自然にそなわっていきました。

洋の東西の哲学者も言っています。

「自然の中で子どもたちが遊ぶことは、万巻の書を繙《ひもと》くよりも認識する力、それを表現する力が育っていく」と。

教育の大原則に気づかず、解らず、認識できていない文科省は、教育再生審議会なるものを教育の専門家と称される面々で結成し、いじめ克服の方針を出しました。しかし、それは西郷が厳しく批判してきた「対応策」でしかありません。

しかも、〈再生〉という用語がいみじくも語っているとおり（これまでと同質のことがそのままくりかえされるだけの理論と方法）でしかありません。ビデオテープ・CD・DVDをレコーダーにかけて再生ボタンを押します。すると、全く同じもの・ことがそっくり再生されますが、それ以上のものは生まれてきません。それどころか、何回もかけていくうちに、質は低下していくばかりです。「名は体を表す」とは、このことです。

つまり、いじめをした子どもには罰を与えるというのです。いじめの質や頻度によって罰の軽・重をつけていく、というのですから、なにをか言わんやです。教育の専門家たちには、こんな考えと方法しかうかばないのでしょうか。

このような考え方は、本来教育とは全く相容れないものです。なぜなら、教育とは一人ひとりの子どもに、もの・こと（自然・人間・社会・歴史・言語文化）を広く深く豊かに認識させ、それを正しく美しい日本語で表現していく力をこそ発達段階に即して順次育てていくことです。

〈もの・こと〉のことのなかから、本書の基本的テーマ〈いじめ〉について共に考えてみましょう。いじめは、普通《ふつう》、いじめられる側だけが悲劇と思われがちですが、その考え方は一面的です。引用した西郷提案にありますように、いじめる側も人間として賢くやさしく強く育てられていないから彼らにとっても同様に悲劇なのです。箸にも棒にもかからんような歪んだ貧しいひねこびた人間に、大企業（財界）→文部科学省→都道府県教員委員会→市町村教育委員会→学校長→教頭→教務主任→学年主任→担任たちが、たんねんに育てているのです。この支配構造を、西郷提案に明確に道筋がさし示されているように教師一人ひとりが認識し、職員研修で、地域の教育研究サークルで「文芸学」の理論と方法を身につけ、よりすぐれた文芸作品を教材化し、たのしくおもしろくやさしくわかりやすく、子どもたちと共に学び共に育っていくことです。まさに、共育《きょういく》であります。文科省がこれまで現場に押しつけてきた方法は、強育、いや「狂育」でしかありません。それは、「秋葉原無差別殺人事件」等々としてその悪しき典型的実例として現れています。

私たちが、長年求めてきた「美《び》と真実《しんじつ》」を育てていくことこそ共育であり、芸術としての文芸教育の典型であり、それを学んだ子どもたちは、いじめなど一蹴《いっしゅう》してしまうでありましょう。

美《び》とは、植物の花であり、真実《しんじつ》とは、その後に結ぶ実のことです。花も実もある人間、人生。そういう人間たちのいる世界を創造していくことであります。それこそが共育です。

解説

教師のための教材

——いじめ克服のための入門書

元小学校長　里山　哲雄

今、学校教育の深刻な問題は、不登校、非行、いじめ、自殺、ネット非行などです。このような現状の要因は、どこにあるのか、私は、最大の要因は学校教育力の低下にあると考えています。

ことに本書では、六つの基本的テーマにわたって教えるべき事「もの・こと」の本質、原点に立ち返って、本来の指導すべき内容が示されています。

この本の筆者は、長く学校現場で過ごされた方です。本書は、その実践を踏まえて、更に文芸教育研究の活動を通して、いわば、教育に関しては酸いも甘いも噛み分けて、現在の教育の反省にたって、しかも、「授業で変える教育」をめざして、新しい学習指導に挑戦する生きた教育の方向が示された作品だと思います。

私ども、いろいろ教育を模索してきた者にとっては、改めて眼を開かされる作品だと言えます。

本来、教育は価値追求の営みがありますが、この厳しい時代では、いっそうの価値の彼岸が一向に見えてこない。しかも、眼の前の子ども教育は一日も揺るがせにはできない。

正直なところ、今、教師たちは行方も知らず、霧の海原を航海しているようなものだと思うことです。

こうした不安を悩みを押し隠して教育に立っている多くの教師にとっては、この本書が良き羅針盤になるでありましょう！　筆者もそのような役割を果たすことを願っているのではないでしょうか。

二〇一三年四月三日

元小学校長　里山　哲雄

改めての感想

『急がば廻れ――いじめ克服の近道』の詩「かたつむり」という教材は、子どものうちに培うべきものを、どこかに置き忘れてしまっている現状の中で、子どもの真の学力は、どういうものであるのか、また、それを支えるためには、何を為すべきなのか、読み深めると、さまざまなことを教えてくれる。

なお、子どもの人間力、つまり、自分の考えをまとめ、言葉にする力を育てる。自分の意見を発信できる力をつける。人の心を感じとれる力を育てる等々、教育の基本をあらためて実感させられる書である。

子どもたちの伸び盛りの心に『急がば廻れ』という「良書」の栄養が吸収され、血肉化されることを願ってやみません。これこそ子どもたちにとって何よりの宝物――そして、武器になるのではないでしょうか。

二〇一四年八月十六日

「虎熊先生物語Ⅰ」を読んで

通信高校三年生　牧口　湧太

僕は「虎熊先生」の指導法がわかりやすく楽しいもので羨ましく思いました。

特に本で例に挙げられているクラスは小規模で、変化や意見の違いなどが非常にとらえやすいものでした。

僕の通っていた宝島の小学校、中学校は共に同じく小規模校でしたので、深く共感できました。

多くの指導者、教育者、保護者に読んでもらいたい作品です。

また、本作品の主人公「虎熊先生」の人間味が細かく描写されていて親しみやすく、小説、物語としての面白さも兼ねている作品だなあと感じました。

（双子の弟。しまのまき作「請島のけんむん」のＣＧ画を描く）

郵便はがき

料金受取人払郵便

鹿児島東局
承認
759

差出有効期間
平成28年7月
4日まで
切手を貼らずに
お出し下さい

892-8790

168

鹿児島市下田町二九二―一

図書出版
南方新社 行

ふりがな 氏　　名		年齢　　　歳 男・女
住　　所	郵便番号　　　－	
Eメール		
職業又は 学校名		電話（自宅・職場） （　　　）
購入書店名 （所在地）		購入日　　月　　日

書名　(　　　　　　　　　　　　　　　　)愛読者カード

本書についてのご感想をおきかせください。また、今後の企画についてのご意見もおきかせください。

本書購入の動機（○で囲んでください）

A　新聞・雑誌で　（紙・誌名　　　　　　　　　　　　）
B　書店で　　C　人にすすめられて　　D　ダイレクトメールで
E　その他　（　　　　　　　　　　　　　　　　　　　）

購読されている新聞，雑誌名

新聞　（　　　　　　　　）　雑誌　（　　　　　　　　）

直接購読申込欄

本状でご注文くださいますと、郵便振替用紙と注文書籍をお送りします。内容確認の後、代金を振り込んでください。（送料は無料）

書名		冊
書名		冊
書名		冊
書名		冊

「虎熊先生物語Ⅰ」を読んで

通信高校三年生　牧口　洸太

僕がこの本を読んで特に良いなと感じたのは、虎熊先生が朗読した「のろまなローラー」を読み、物語が読者に何を伝えようとしているのかを「虎熊先生物語Ⅰ」に登場する生徒たちと一緒に考えられる形式で書かれている点です。また、その生徒たちの感想や意見から自分では発見することができなかったポイントなどに気づかされ非常に考えさせられました。僕が通っていた小学校、中学校での同級生はたかだか六名程度でしたが、道徳の授業などで意見を求められた時、皆同じような意見ばかりのべていたように思い出されます。

この本を読み、今まで僕が学んできた学校教育や、これから出会う機会のある子どもたちへの接し方など色々と考えさせられました。

（双子の兄）

「いじめ地獄」から子どもたちを救う
理論と方法を奄美から全国へ！

このページから以降には、本書を上梓するための出資を快諾してくださった団体名、個人名を紹介してあります。

この奄美の人々の教育に対する情熱なしには、本書は陽の目を見ることはできなかったでありましょう。

皆さんのあたたかい心で、いじめで苦しんでいる日本の児童、生徒を救っていける教育理論と指導方法を本書で全国の津々浦々まで届けることができます。

皆さんに心から感謝を申し上げます。

二〇一四年十一月三日

奄美文芸教育研究所　所長　松元幸一郎

虎熊先生物語Ⅰ　美と真実を求めて
急がば廻れ――いじめ克服の近道

二〇一五年二月二十日　第一刷発行

著　者　しまの・まき
発行者　向原祥隆
発行所　株式会社　南方新社
〒八九二―〇八七三
鹿児島市下田町二九二―一
電話　〇九九―二四八―五四五五
振替口座　〇二〇七〇―三―二七九二九
URL http://www.nanpou.com/
e-mail info@nanpou.com

印刷・製本　株式会社イースト朝日
定価はカバーに表示しています
乱丁・落丁はお取り替えします
ISBN978-4-86124-303-5 C0037

子どもの願いを真ん中に ◎鹿児島子ども研究センター ブックレット編集委員会 定価（本体1000円+税）	日本の過度に競争的な学校環境が、不登校、中途退学、自殺……子どもを取り巻く状況を悪化させている。子どもたちと真正面から向き合い、一人ひとりの心と体をひらこうと試みる、教育者たちの実践の記録。
いのちの教育の物語 ◎七田厚、澤谷鑛 定価（本体1600円＋税）	いのち、教育、縁、つながり——。これらの言葉をキーワードに、「右脳教育」を実践する教育者と、数多くの人に「気づき」を提示してきた心理カウンセラーが「いのちの教育」について論じる。
現場報告・子どもがおかしい ◎前原　寛 他 定価（本体1600円＋税）	いじめ、荒れ、キレ以前に、今ほとんどの子どもが疲れや体の不調を訴えている。保育園、小・中学校、高校、大学の現場教師、研究者が現状を包み隠さず明らかにする。母親、父親に共有して欲しい、この子どもの現実。
大丈夫？「心」の子育て ◎前原　寛 定価（本体 1500 円＋税）	家庭から老人が消え、儀式がなくなり、家事の外注化が進んでいる。子育てすら社会支援の旗印のもとに外注される今、子どもの心は誰が、何が育んでくれるのか。見せかけでもお仕着せでもない、心の子育てを提言する。
地球でここだけの場所 ◎浜本奈鼓 定価（本体 1600 円＋税）	箸をまともに使えない、正座、三角食べができない……。そんな子どもたちが、自然と接する中で変わっていく。環境教育に携わって 15 年。くすの木自然館を主宰する著者が、自然と寄り添う新しい生き方を提言する。
私たち図書館やってます! ◎NPO法人 本と人とをつなぐ 「そらまめの会」編著、種村エイ子監修 定価（本体1400円＋税）	街の図書館に指定管理者制度の導入が決まった。これを機会に、もっと盛り上げたいと願うボランティアが名乗りを上げた。スタッフの司書魂が次々に新機軸を繰り出し、イケてる図書館を演出する。
奄美、もっと知りたい ◎神谷裕司 定価（本体 1800 円＋税）	クロウサギと珊瑚礁の海だけが奄美ではない。大和と沖縄の狭間で揺れてきた歴史をはじめ、民俗、文化、風俗、自然、宗教等、独自の深さと広さをもつ。ガイドブックが書かない奄美の今を、朝日新聞記者が浮き彫りに。
奄美文芸批評 ◎藤井令一 定価（本体 4800 円＋税）	シマが生んだ珠玉の文学。本書は小説、評論、詩集、歌集、句集、1000 余の文学作品を全網羅。干刈あがた、安達征一郎ら芥川賞・直木賞候補作家も綿密にフォロー。昭和から平成への四半世紀の記録である。

ご注文は、お近くの書店か直接南方新社まで（送料無料）
書店にご注文の際は「地方小出版流通センター扱い」とご指定下さい。